中国最美

第五辑

古代装饰艺术

岩画 & 彩陶

田少鹏
田威 著

长江出版传媒

湖北美术出版社

目录
CONTENTS

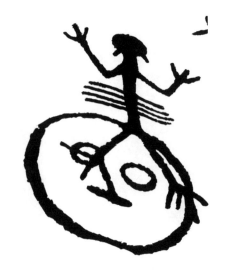

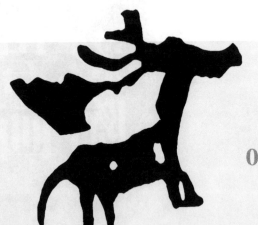

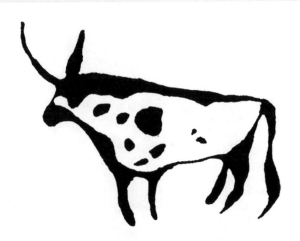

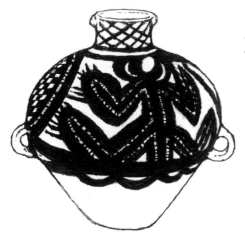

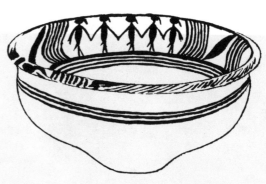

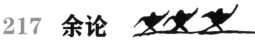

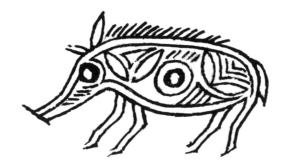

古代装饰艺术

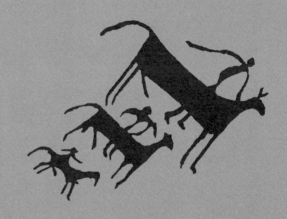

　　当下，人们通常将装饰艺术中的"装饰"一词理解为装潢，而装潢在人们的心中是指装修。稍深入一些的理解，是将装饰艺术与室内陈设设计等同。如此理解大概没错，但不全面。应该说，装饰艺术与人们的生活息息相关，包罗了人类生活的方方面面。装饰艺术研究一直是一个较热门的课题，特别是在中国古代装饰领域，前辈多有耕耘，成果斐然。今天，我们再次涉足这一领域，希望能借前辈肩膀之承托，看得更远、更广。

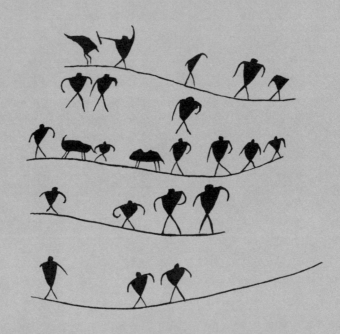

一、装饰艺术的概念

"装饰"一词，《辞海》解释为"修饰；打扮。《后汉书·梁鸿传》：'女（孟光）求作布衣麻屦、织作筐缉绩之具。及嫁，始以装饰入门。'"[1] 战国时期宋玉《登徒子好色赋》中"此郊之姝，华色含光，体美容冶，不待饰装"，只是调换了二字的顺序，但意思没变。上述两处文献中"装饰"和"饰装"是作为动词使用，而今天"装饰"一词既是动词，也是名词。作为名词，它包括了纹样、图案、工艺美术、商业美术、设计、壁画以及建筑等领域。1959 年《装饰》第 5、6 期连载了张光宇的《装饰诸问题》一文，张先生将他所涉猎的漫画、商业美术、插图、舞台设计、封面设计等门类基本囊括在"装饰"一词之中，也用"装饰"来界定自己的创作风格。1957 年 5 月 15日，他在笔记中写下一段关于装饰问题的提纲："装饰与装饰艺术——装饰之美 装饰篇 装饰研究。"[2] 虽是只言片语，但在张光宇心中"装饰"与"装饰艺术"应该有所不同。不同在哪，未见先生详论。

汉语"装饰艺术"一词，应该与英语 decoration art 有关。decoration是指装饰品以及装饰过程。被装饰的物件或器具作为主体，其观赏性大于功能性。同时，美化主体需合乎其功利要求。有学者认为，装饰艺术和美术在文艺复兴时期就出现明显差别。文艺复兴促使"美术"从"艺术"中分离出来，形成大小美术之别，其中小美术是指装饰艺术。但是，欧洲中世纪出现的羊皮书（图 1），其装帧风格普遍具有装饰性。此外，中世纪欧洲的祭坛画（图 2）具有一种规范化的形式感。李泽厚认为，中国彩陶纹样在重复仿制的过程中，逐渐变成规范化的一般形式美。[3] 李先生的观点启示我们，中世纪欧洲的宗教绘画艺术的规范化的形式感和装饰意味，是一个值得研究的问题。

真正让欧洲乃至世界认识和熟悉装饰艺术，是源于 20 世纪 20 年代巴

---

[1]《辞海》（第六版缩印本），2010 年，第 2531 页。
[2] 唐薇、黄大刚：《张光宇艺术研究（上编）：追寻张光宇》，生活·读书·新知三联书店，2015 年，第 393 页。
[3] 李泽厚：《美的历程》，生活·读书·新知三联书店，2009 年，第 28 页。

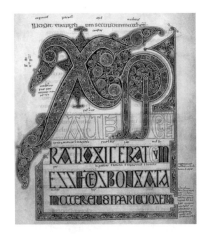

图 1 羊皮书

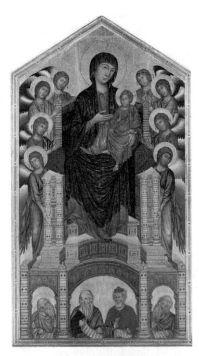

图 2 王座上的圣母子

黎的一场重要的设计运动——装饰艺术运动（Art Deco[①]）（图3）。王受之认为装饰艺术运动不是一种单纯的设计风格，它包括的范围广泛，有爵士图案、流线型设计样式、化妆品包装，甚至洛克菲勒中心的建筑群。装饰艺术运动更影响了纯艺术、装饰艺术、时装、电影、摄影、平面设计、交通工具和工业产品设计，成为一种几乎无处不在的现代风格。同时，装饰艺术不回避机械形式，不拒绝钢铁、玻璃等新材料。[②] 由此，涉及工艺、技术、材料进行的艺术创造几乎均与装饰艺术相关。

20世纪20年代的上海是可以与巴黎、伦敦比肩的城市，自然成为装饰艺术运动的东方重镇。身处其中的张光宇先生自然而然地浸润其中，他这一时期的作品（图4）明显带有装饰艺术运动的风格，他对于装饰艺术也有着自己的见解。张先生曾言："并不是装饰艺术是另外一种艺术，包括所有的艺术领域必须要有丰富的内容，通过高度的装饰技巧，而能传达给群众得到艺术的感动。"[③]

从张先生的认知出发，装饰艺术与其他门类艺术不同，需要依附一个被装饰的主体，其装饰的艺术性和观赏性是客体，客体必须服务于主体，这样才能称为"装饰艺术"。因此，装饰艺术具

① Art Deco：装饰派艺术。《牛津高阶英汉双解词典》，商务印书馆，2014年，第96页。
②王受之：《世界现代设计史》，中国青年出版社，2015年，第114—115页。
③唐薇、黄大刚：《张光宇艺术研究（上编）：追寻张光宇》，生活·读书·新知三联书店，2015年，第392页。

有主体和客体的双重性。一方面，客体
从属于主体，装饰依附于器型存在；另
一方面，客体又可从主体中独立而出，
展现独立的审美价值。如画像石、画像
砖，既属于墓室建筑的构建，又形成各
自独立的图像画面而被视为单独的艺术
作品。在部分装饰艺术中，审美意味超
脱了主体性能，在使用价值外同时具备
纯欣赏性的价值。由此，产生了装饰绘
画和装饰雕塑。此外，表现一定题材内
容的装饰，也可看作是脱离主体的独立
的客体艺术，如装饰画。庞薰琹先生认
为："装饰纹样是用来装饰器物的，装
饰画同样是用来装饰器物的，不过装饰
画在作为装饰之外，表现一定的题材内
容。"[1]因此庞先生将部分古代装饰遗
存称为"装饰画"。

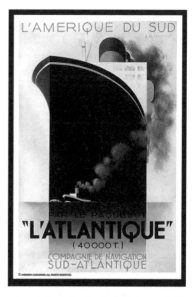

图 3　装饰艺术运动时期的海报
设计

　　中国古代装饰艺术是指中国古代各
个历史时期出现的依附于某种主体形态
而创造、产生的图形、图像。这些图形、
图像得到合乎主体形态功利要求的"美
化"，即运用了张光宇先生所言"高度
的装饰技巧"。主体形态与图形、图像
的合体视为"装饰艺术"；脱离了主体
形态的无题材内容的图形、图像可视为
"装饰纹样"；脱离了主体形态的有题
材内容的图形、图像可视为"装饰画"。
独立的装饰纹样和装饰画均属于装饰艺
术范畴。中国古代装饰艺术囊括了从史
前时期到清代这段历史时期出现的所有
纹样、器物器型、建筑、雕塑、壁画以

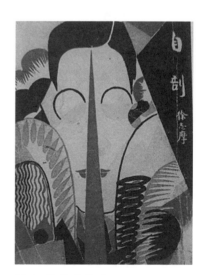

图 4　张光宇作品

①庞薰琹：《中国历代装饰画研究》，上海人民美术出版社，1982 年，第 124 页。

及部分绘画作品（图5—图10）。^①

综上所述，基本能厘清何为中国古代装饰艺术，勾勒出中国古代装饰艺术所包括的内容和涵盖的范围。

对于古代装饰艺术的研究，既要探究其形式、色彩、特征、风格，又要考察其时代、社会、政治、经济、文化背景。同时，对于不同历史时期的人的了解，可以帮助我们感知和理解创造者的内心世界，亦可从使用者的视角见出当时人对于这些纹样、器物的态度，从而促使我们对于不同历史时期的装饰艺术有一个多维而丰富的认知和理解。

中国古代装饰艺术作品浩如烟海，显然无法一一探究。本丛书将中国古代装饰艺术分为四个大类进行研究：一、岩画与彩陶，它们是人类早期的艺术成就，更是人类文明的曙光；二、青铜与玉器，它们从国之重器走向实用之器和赏玩之具，器型与纹饰的变化展现的不仅是艺术风格的变迁，更记录了人类社会的发展进程；三、漆器与织绣，它们从楚人神秘诡谲的艺术创造中走出，奔向一个幻化而浪漫的世界，最终将浪漫主义定格在中华大地的

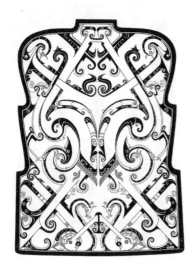

图 5 漆器凤纹

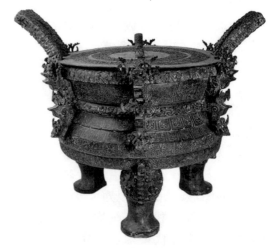

图 6 王子午鼎

①庞薰琹将宋人画在绢帛上的小品画，敦煌壁画、永乐宫壁画、明清时期的壁画，明版书籍插图，均纳入中国古代装饰画的范畴之中。见庞薰琹：《中国历代装饰画研究》，上海人民美术出版社，1982 年。

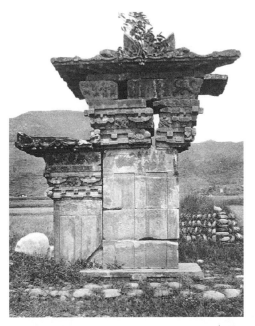

图 7 汉阙

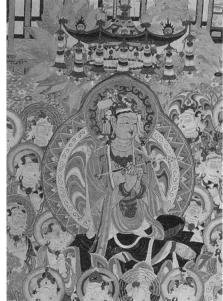

图 8 敦煌壁画

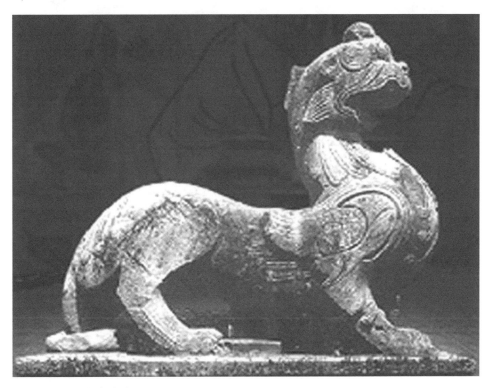

图 9 南朝麒麟镇墓兽

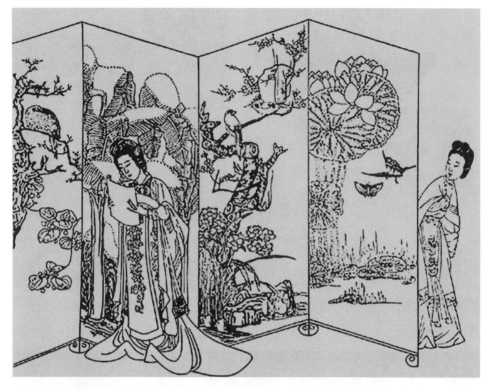

图 10 张深之本《西厢记》插图中的屏风

艺术谱系之中；四、瓦当与汉画，它们展现的纹样之精美和技艺之精湛并存，更连接着我们对秦汉恢弘建筑的想象。这四个部分，是中国古代装饰艺术形成的重要阶段，对后世影响深远。

当然，尽管这样的划分基本囊括了中国古代装饰艺术的特色，但难免有所缺失。首先是陶瓷。中国古代陶瓷器属于中国古代装饰艺术的一个巅峰。从史前陶器的出现到辉煌的彩陶，陶器艺术不断走向巅峰。到魏晋南北朝时期，陶器实现了从"陶"到"瓷"的华丽转身。从此，"陶"与"瓷"并行华夏，共同创造出举世瞩目的陶瓷文明。宋、元、明、清成为迄今依然光芒万丈的瓷器时代。中国古代陶瓷艺术历史绵长、成就斐然，需要另著一部鸿篇巨制，才能完整描述其在中国古代艺术中的地位与价值。其次是壁画。庞薰琹先生将敦煌壁画、永乐宫壁画以及明清壁画均纳入中国古代装饰画之中。中国古代壁画普遍具有比较浓厚的装饰意味，将其视作中国古代装饰艺术的一个门类目前基本没有异议。如果是展开相关的研究工作，中国古代壁画更适合从绘画视角切入。更重要的是，庞先生已经论述，我们再专门论述，已然很难超越。此外，各个历史时期普通民众使用的生活器物，有着完善的体系，也可以从装饰艺术的角度去进行研究。同时，中华民族是一个大家庭，各少数民族创造的装饰艺术作品亦是灿若星辰。两者都因太过浩繁，故未整体纳入。但是在相关内容的论述中，对各民族民间的器物的器型、纹样，以及上述提到的陶瓷、壁画等内容均有涉及。这不失为一种两全之策。

二、中国古代装饰艺术的特征

中国古代装饰艺术的纹样受器型制约，又依附于器型而产生。装饰纹样是时代与观念的形态表达，普遍呈现出浓厚的装饰意味，在具体形式上表现为高度的概括性、高度的程式化以及高度的唯美性三种形式美的特征。这也是中国古代装饰艺术给人的总体印象。同时，华夏文明绵延五千年，不同历史时期的不同社会风貌、经济基础以及人文背景对装饰艺术影响巨大，各个历史时期的装饰艺术又表现出不同的艺术风貌。因此，我们在此截取中国历史时段中具有代表性的时期，分别论述其装饰艺术的特色，以期能形象地把握中国古代装饰艺术的特征与风貌。

中国古代装饰艺术的发展，可约略分为史前时期、先秦时期、两汉时期、魏晋南北朝时期、唐宋时期、明清时期。上述六个时期的装饰艺术主要服务于社会上层，而下层民众使用的部分，学界普遍称之为民间装饰艺术，以示区别。此外，各少数民族创造的装饰艺术也属于这一范畴，因此，本文将民族民间装饰艺术单列为一个部分。

（一）史前时期的装饰艺术

史前时期以岩画艺术和彩陶艺术为代表。当下收集、整理和研究史前时期岩画的缘由有两点：

第一，史前人类遗留在岩石、崖壁上的图形、图像内容，较客观地记录了他们的生产生活、宗教信仰等个体和群体的活动。这些图形、图像成为史前学者了解和研究人类社会形成之前早期人类群居活动的珍贵历史材料。

第二，中外遗存岩画以描摹细致的具象图像（图11）为主，大概反映出两个方面的问题：一方面，反映出他们对客观世界感到好奇，并努力将一切客观事物记录下来；另一方面，反映出他们与动植物存在着高度依存关系。他们精细描绘各种动物和狩猎场景，并非完全基于记录的目的，很大程度是基于原始宗教仪式和原始图腾崇拜，或许是这个缘故，岩画艺术充满了力量感，呈现出无比执着与真诚的画面。这正是当今艺术创作中应努力汲取的内容。

彩陶艺术诞生于新石器时代。陶器纹样产生于功能需求，为了方便抓取而在器物身上刻划横纹或斜纹。其后，逐步出现装饰器身的具备审美价值和有意味的纹样。早期的彩陶纹样以具象的动植物和人物纹样为主，后来逐渐演变成抽象的几何纹和线条纹。其中，黄河流域和长江流域的漩涡纹（图12）最具代表性。彩陶纹样从具象到抽象，经历了漫长的演变过程。李泽厚先生认为，彩陶上的抽象纹样并非凭空想象，而是从具象的动植物纹中不断地概括、简练，逐步抽象成几何纹、漩涡纹、纺轮纹。并且，他认为这些抽象的彩陶纹是"有意味的形式"。[1]

高度的概括是中国古代装饰艺术的形式美特征之一。在新石器时代，彩陶工匠已经开始将具象的形态不断地加以提炼，概括成有意味的抽象的装饰纹样，并使之成为彩陶器身上的装饰纹样样板。因而，中国古代装饰艺术高度概括性的源头，或许可以追溯到抽象装饰的彩陶纹样。

（二）先秦时期的装饰艺术

先秦时期的装饰艺术从时间上可分为两个部分，商周时期和春秋战国时期。从地理上看，有北方装饰艺术与南方装饰艺术之别。北方以商周时期的青铜、玉器艺术为代表。商周青铜器无论是器型还是纹样，都充分展现了一个统一、强盛的王朝。其中，以饕餮纹（图13）为代表的纹样象征着商周时期王朝的权力与威仪。其玉器艺术（图14）基本代表了这一时期北方区域装饰艺术的最高成就。

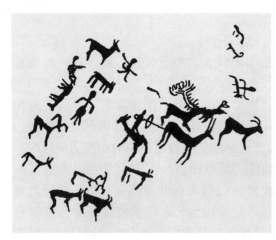

图 11　狩猎场景岩画

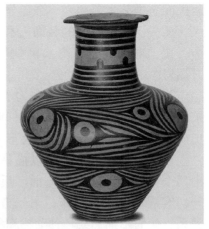

图 12　漩涡纹彩陶

---

①李泽厚：《美的历程》，生活·读书·新知三联书店，2009年，第15—32页。

进入春秋时期以后，南北区域的装饰艺术风格与特征，总体上继承并延续了前一时期的特色。春秋早期的楚国青铜器，从器型到纹样几乎承袭了商周的风格，甚至在楚人早期的漆器艺术中，器型和纹样基本脱胎于商周时期的青铜器。战国时期是楚地装饰艺术的发轫期，楚升鼎的出现打破了商周时期装饰艺术南北一统的局面，出现南北分野。当楚地的漆器、玉器（图 15）、丝织（图 16）等装饰艺术全面开花时，楚人已然用艺术创造问鼎了中原。

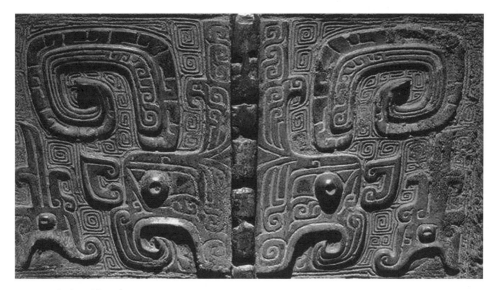

图 13 饕餮纹样的青铜器

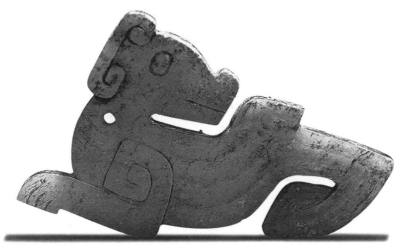

图 14 动物玉佩饰

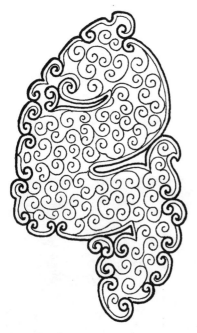

图 15 玉龙纹

商周时期的装饰艺术创造了一种狞厉之美，它表现出强烈的神秘感与震慑感。这种表达与青铜器具的功能密不可分。青铜器作为商周时期的国之重器，有取悦神明，宣示王权的目的，因此，神秘与震慑之感符合当时治理社会的需求，亦能准确地展现一个高度统一的强权王朝。到春秋战国时期，社会形态已经不再是统一的王朝，取而代之的是多国纷争，王权的震慑感几乎消失殆尽。但装饰艺术中依然有讳莫如深的神秘感，楚人的神秘感源自楚地巫文化的盛行，抑或是对于商周文化的另一种继承。

当一个贵族士大夫在颂扬诡谲之美时，整个社会已然发生了改变。震慑之感逐渐消退，神秘而浪漫的唯美之风渐起。整个战国时期，南方神秘浪漫之美取代了北方神秘狞厉之美，成为装饰艺术的主要特征。楚艺术的浪漫风格，既奇幻诡谲，又灵动轻巧，更以浪漫唯美为尊。中国古代装饰艺术中普遍带有的唯美特征，出于楚地，始于楚人。

（三）两汉时期的装饰艺术

汉室肇兴，即承秦制而尚楚俗。汉代艺术在继承楚式浪漫主义的基础上进行了革新。楚式浪漫中的神秘诡谲几乎褪尽，楚人的浪漫情怀有所保留，融合中原理性精神，构筑成跨越时代的楚汉浪漫主义。楚汉浪漫主义中的理性主义基因促使汉代装饰艺术彰显现实生活，将往生世界现实生活化，但仍然有表现神怪世界的想象，只是少了魑魅魍魉般的荒诞，多了几分人间意味。诚如李泽厚先生所言："汉代艺术的题材、图景尽管有些是如此荒诞不经，迷信至极，

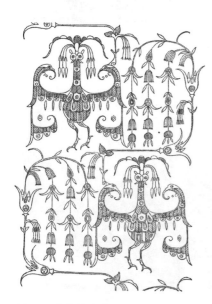

图 16 凤鸟花卉纹

但其艺术风格和美学基调既不恐怖威吓，也不消沉颓废，毋宁是愉快、乐观、积极和开朗的。"①湖南长沙马王堆汉墓漆棺（图17）上的纹样，充分显现出神界与人间的愉悦交融。

　　楚汉浪漫主义时期的装饰艺术，一方面突显了表现现实题材的特征，同时对于表现往生世界又投入了极大的热情，使得汉代的往生世界充满了生机勃勃的人间乐趣。另一方面，气势之美始终贯穿于两汉艺术之中，如马王堆漆棺上贯穿始终的云气纹、霍去病墓前的马踏匈奴、武威擂台的马踏飞燕、残存至今的汉阙，以及表现各种现实生活、教化故事、往生世界的画像石（图18）、画像砖。两汉艺术的气势之美，一是源于楚人狂放不羁的浪漫基因，一是在表现手法上大刀阔斧、过度夸张、不拘泥于细节，追求形态的整体性。而这种不拘细节、夸张、粗拙的形态，却彰显出无穷的力量与气势。因此，李泽厚先生认为，汉代的艺术有着"古拙"的外貌和"运动、力量、气势"的本质。②

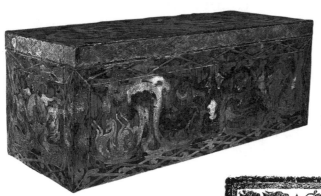

图 17　马王堆汉墓漆棺

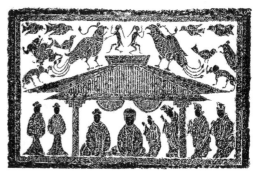

图 18　汉代画像石

---

①李泽厚：《美的历程》，生活·读书·新知三联书店，2009年，第76页。
②李泽厚：《美的历程》，生活·读书·新知三联书店，2009年，第84—85页。

高度唯美是中国古代装饰艺术三个形式美的特征之一，而唯美的核心是浪漫。因此，中国古代装饰艺术充满浪漫主义的风格。这一浪漫特质出于楚，成于汉。值得庆幸的是，楚人在后期的浪漫风格中，逐渐开始吸纳中原的理性精神。同时，汉王朝的主宰者对楚人的浪漫难以释怀，推动了南北艺术风格的统一，更为华夏文明保留了浪漫的基因。否则，公元前223年楚亡[①]之后，九土之地可能就再无浪漫主义的光环。

（四）魏晋南北朝时期的装饰艺术

这一时期的装饰艺术整体上缺少浓墨重彩之处。[②] 一方面，这一时期装饰艺术基本延续两汉时期的风格；另一方面，这一时期又是中国历史上一个南北对峙的离乱期，国家分裂割据、战火绵延、饿殍遍野、百业凋敝，导致装饰艺术的发展相对滞后。尽管如此，仍然有两点值得称道。

首先是石窟艺术（图19）。西汉末年佛教传入，到魏晋南北朝时期佛教已广泛传播流行。《中国佛教美术小记》说："晋代造像，度越汉魏……经典之翻译与信仰之普及也……"佛教石窟艺术开始出现。敦煌莫高窟始建于公元366年，石窟分三部分，建筑、雕塑、壁画三者合为一体，组成实用与艺术相结合的石窟艺术。十六国、北朝时期的敦煌石窟艺术分为两种艺术风格：一是以凹凸晕染法绘制出立体感的西域式风格，其内容简单，造型朴拙，色彩淳厚，线描苍劲，人物比例适度，面相丰圆，神情庄静恬淡；二是潇洒飘逸的中原风格。中原风格实际是秀骨清像的南朝画风，到北魏晚期成为南北统一的时代风格。[③]

其次是青瓷的成熟与普及。东汉已出现原始瓷器，釉色以呈色不一的青釉为主。到魏晋南北朝时期，瓷器的制造蓬勃发展，生产普及，烧造青釉瓷成为主流。受佛教流行的影响，青瓷的器型以装饰繁缛华丽的莲花尊（图20）为代表。同时，莲花纹也是青瓷上较突出的纹样。魏晋南北朝时期是中国陶瓷史上重要的转折点，瓷器的出现与成熟标志着中国古代装饰艺术将迎来一个新的时代。

---

①公元前223年，秦将王翦、蒙武率军攻入楚都寿春（今安徽寿县西南），俘楚王负刍，楚亡。
②从整个艺术的发展上看，魏晋南北朝时期的艺术还是有很多浓墨重彩之处，如二王的书法艺术、谢赫的《古画品录》等，在文学、哲学上更是硕果累累。但另一方面，这一时期的工艺美术的主要门类是纺织和陶瓷［见尚刚：《中国工艺美术史新编》（第二版），高等教育出版社，2015年］，这相较于其他历史时期要偏少许多。
③段文杰：《佛在敦煌》，中华书局，2018年。

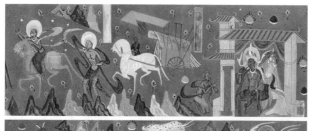
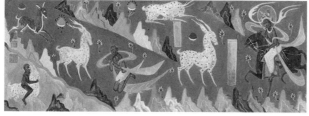
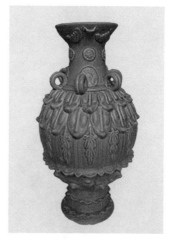

图 19　敦煌壁画九色鹿

图 20　莲花尊

　　诚如尚刚先生所言："魏晋南北朝的工艺美术成就算不得辉煌，但它完成了重要的转折。"[1]在装饰艺术上亦如此。

（五）唐宋时期的装饰艺术

　　唐宋两朝是中国历史上继往开来的时代，反映在艺术成就上亦如此。如果将唐诗和宋诗进行比较，唐诗在景物表达上往往是宏大的，具有历史观的描述，如"窗含西岭千秋雪，门泊东吴万里船"，甚至田园诗也会关注大场景，如"绿树村边合，青山郭外斜"。而宋诗则不同，它关注和表现的是恬淡、细微的景致，如"梨花院落溶溶月，柳絮池塘淡淡风"。唐诗和宋诗的不同，也反映在装饰艺术上。同为继往开来的时代，都呈现出华丽华贵，只是，唐代的华丽宏伟壮观，宋代的华贵隽永含蓄。

　　所谓盛唐气象是全方位的，唐代工艺技术的精绝推动了装饰艺术的全面繁荣。现藏于日本正仓院的螺钿紫檀五弦琵琶，其工艺之精，造型之美，令人叹为观止。唐代的装饰艺术中，三彩艺术最具代表性。唐三彩属于低温铅釉陶器，釉面色彩斑斓，呈现出绿、黄、褐、赭、红、蓝、白等多种色彩。因富含铅，釉面光亮，形成釉彩淋漓的独特效果。唐三彩的器型和纹样风格明显带有西域之风，尚刚先生称之为"胡风弥漫"。初唐厚葬成风，故三彩器具多为明器。其中，唐三彩镇墓兽（图 21）虽不失惊奇怪诞，其雍容华

---

①尚刚：《中国工艺美术史新编》（第二版），高等教育出版社，2015 年，第 156 页。

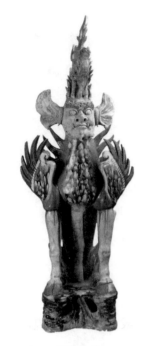

图 21 唐三彩镇墓兽

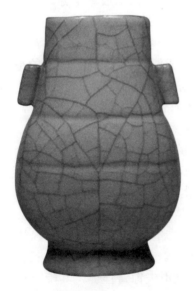

图 22 宋瓷汝窑

贵之气却也咄咄逼人。尚刚先生评价唐前期的工艺美术是"堂皇高傲的贵族气派"[1]。深以为是。

宋人的艺术禀赋更是令人赞叹，他们将绘画、书法、诗词、雕塑、建筑等，几乎是艺术世界的全域推向了顶峰，宋瓷（图22）更是其中的翘楚。在政治史的描述中，大宋王朝是屈辱丧权、羸弱不堪的。但是，它在艺术领域的创造却又能比肩强汉盛唐，甚至超越二者。其中的奥妙在于，大宋王朝以商业的方式开创了一个开放而富有朝气的时代。用当下的词汇表述，汉唐的交往是面向欧亚大陆的陆权国家，而宋代开创的是面向海洋的海权国家。海上丝绸之路繁荣于宋代，面向海洋，八方交融，宋人如此开放的心态，自然迎来了艺术上的全面辉煌。宋瓷正是诞生于这样一个开放而交融的时代，"哥、汝、官、钧、定"所展现的华贵之气，也是万方来仪的雍容之气。

对于宋瓷以及宋代的总体艺术，已无需多言。但有一点是取得共识的，那就是宋瓷呈现的恬淡、隽永、内敛、华贵之气。

（六）明清时期的装饰艺术

明清两朝的装饰艺术门类众多，工艺精湛，具象写实，规范有序。明清两朝的装饰艺术，更适合从技术层面进行探讨和研究，就艺术风格和风貌而言，并无多少创新。虽如此，某几个领域还是有必要予以探讨和论述。

---

[1]尚刚：《中国工艺美术史新编》（第二版），高等教育出版社，2015年，第190页。

漆器至两汉三国以后，几乎不见其踪，到明代却异军突起，其中雕漆（图23）工艺精湛，风格特征一如明清两朝的整体风貌，具象写实，规范有序。黄成的《髹饰录》是对漆器工艺的梳理与总结，此书对于漆器技艺的传承，可谓善莫大焉。后技艺东渐，今之日本漆艺基本出自明代的工艺技法。[①]

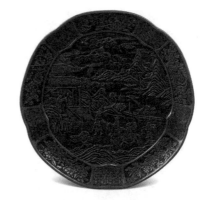

图 23　雕漆

瓷器是明清两朝装饰艺术中不可回避的内容，青花瓷更是在中国陶瓷史上独领风骚。明清时期的青花纹样（图24），狂放而不失法度，流露出绘者的真诚与率性，宛若积云下的一束阳光。除此之外，明清壁画和书籍插图[②]也值得一提。北京法海寺明代壁画（图25）算得上中国古代壁画的经典之作，它们呈现出的风格特征也具有时代气息，从工艺技巧的角度，可谓无懈可击。明代是中国古代出版历史上的高峰，图文并茂的书籍成倍增长，这其实反映了整个社会变迁下的历史必然

图 24　青花人物纹

性。上下阶层在流动与对话中，彼此找到一个共同的文化边缘——图像，这促进了书籍插图艺术的繁荣与成熟。特别是晚明时期的插图，堪称中国古代艺术精品之一。其中，徽州黄氏一门的剞劂氏[③]的雕刻技艺和晚明画家陈洪绶独创的艺术风格，共同造就了晚明插图艺术的传奇。

明清时期的装饰艺术包括的内容非常丰富，如木雕、砖雕、建筑以及各种文玩器具等，不一而足，并且其风格、特征因地域不同而迥异。概而言之，明清时期的各类装饰艺术，都呈现出繁缛工细的特征。应该说，明清时期达到了中国农耕社会的最高峰，更是农耕时代手工业制作的顶峰。因此，明清时期的装饰艺术门类几乎包括了一切手工制作所能涉及的领域。

---

①张岱：《夜航船》卷十二《玩器》："倭漆 漆器之妙，无过日本。宣德皇帝差杨瑄往日本教习数年，精其技艺。故宣德漆器比日本等精。"
②比照庞薰琹先生对于装饰画的分类。
③指雕版印刷中的雕版刻工，以刻字、刻图谋生。

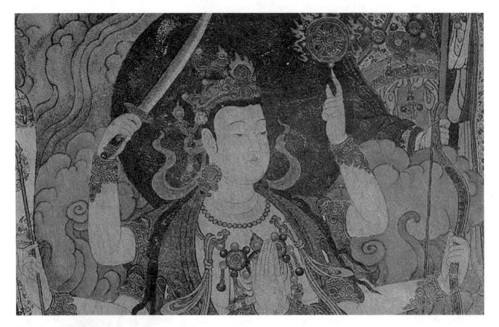

图 25　法海寺壁画

（七）民族民间装饰艺术

　　中国古代装饰艺术的创造者主要来自下层民众，而绝大部分享用者来自上层社会。史前时期阶级秩序并不明显，创造者与享用者并没有太大的阶级差异。从夏商周到唐代，享用者基本来自上层社会。因此，装饰艺术在创造上必须符合和服务于上层社会的需要与趣味。随着宋代城镇居民的出现，下层民众开始拥有服务于自身的装饰艺术。至明清两朝，服务于民众的装饰艺术门类、品质日臻成熟，并形成独立于服务上层社会的装饰艺术体系之外的民间装饰艺术。（图 26）

　　如果说服务于上层社会的装饰艺术是美化的功能物，那么民间装饰艺术则是功能物的美化。民间装饰艺术更注重器物的功能性，器物上的装饰意味较之其他装饰艺术更鲜活、更灵动、更具生命力。

　　中国各少数民族多才多艺，能歌善舞，他们在装饰艺术的创造上同样充满了智慧与想象。不同的民族个性、不同的自然环境、不同的宗教信仰、不同的历史发展道路，促使少数民族装饰艺术呈现出多姿多彩、五彩斑斓的面貌。各民族的率性与真诚，成就了少数民族装饰艺术既粗粝朴拙又热烈直接的艺术风格。历史是人民创造的，艺术同样也是由普通民众绘制的，这在民族民间装饰艺术上表现尤为突出。由普通民众创造又服务于普通民众的民族民间装饰艺术，是中国古代装饰艺术的重要组成部分，它们的加入极大地丰富和完善了中国古代装饰艺术。

中国古代装饰艺术是华夏文明的重要组成部分，也是一部中国古代社会的生活图鉴。它发端于现实生活的需求，服务于社会活动的各个方面；它是物质性的产品，却有着愉悦精神的意味；它强调器物的实用与功能，又注重唯美的表达。在漫长的发展演变过程中，它不断地推陈出新，提升和丰富了中国古代社会生活的品质与色彩。同时，它又是中国历史发展、变迁的图像证明。

三、研习中国古代装饰艺术的目的及意义

中国古代装饰艺术囊括了史前时期到清朝结束的漫长时期创造出来的各种装饰艺术，繁如天星。因此，需要通过充分的研究、分析，划分出不同的装饰艺术门类，并对应各个门类，遴选出优秀的古代装饰艺术。

古代装饰艺术存在的形式多种多样，然而装饰艺术研究者并不能亲眼看到所有的研究对象，即使是馆藏开放文物，也可能因未予陈列出而抱憾而归；抑或是图像模糊不清，不能详尽其意。故本次所辑录的古代优秀装饰艺术作品，均是在详细研究、分析后，细致手绘而成的图像资料。一是为本次的研究和论述提供相对准确和翔实的图像资料，二是为后来者提供一个相对可靠、科学的中国古代装饰艺术的研究资料。上述工作，可以说是本次研习中国古代装饰艺术秉持的态度和最基本的目的。

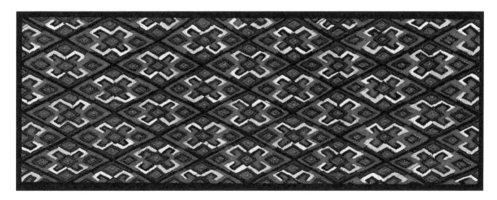

图 26 少数民族装饰图案

张光宇先生曾说："不懂装饰学就不能解决如何美化生活之需要。"张先生上述言论是他针对美术院校不够重视装饰艺术的学习而言。①而要想学懂装饰学，古代装饰艺术是一座桥梁。②中国古代装饰艺术在漫长的发展历程中，不仅融合了各民族装饰艺术的特点，而且大量吸收了外来装饰艺术的特点。中国古代装饰艺术一直在不断地吸收、融合和创新，但又始终保持自身特有的艺术风格。这种从吸收、融合到创新的能力③，是研习中国古代装饰艺术的重要目的。中国古代装饰艺术创作者在艺术创作中往往需要适应各种各样复杂的条件，打破各种各样严苛的限制，因此，必然需要不断地创造新的、适合复杂条件的、突破限制的表现形式、表现方法和表现技巧，这是研习中国古代装饰艺术的主要目的。

如何通过研习达到上述目的，庞薰琹先生的一段话非常值得每一位研习者认真地研读体会："应该从传统中，学习各种各样的表现手法。应该研究不同社会、不同时代所产生的不同风格。应该研究不同创作态度、不同创作方法所产生的不同效果。应该研究不同的创作思想、不同的感情、不同的修养所产生的不同作风。应该研究不同的材料、不同的处理、不同的结构所产生的不同形式。应该研究不同的条件、不同的工具、不同的制作所产生的不同特点。应该研究不同的手法、不同的技巧所产生的不同表现。学习传统，只能是一步一步深入。"④庞先生用了七个"应该"，指明了研习传统装饰艺术的内容与方法。

美国学者艾迪斯和埃里克森提出，在视觉社会，要想获得远距离审视效果——看得更清楚，需要拉开足够的距离，他们提出两种方法：一是空间移动，即换一个新地方就会关注以往忽视的细微末节之处；二是时间移动，拉开时间距离看事物，即通过研究以往的事物，获得远距离审视的效果。⑤这是研习中国古代装饰艺术的第三个目的。此目的，不仅有利于当代装饰艺术的创作者远距离审视当下装饰艺术创作的诸多问题和瓶颈，同时，对于

---

①唐薇、黄大刚：《张光宇艺术研究（上编）：追寻张光宇》，生活·读书·新知三联书店，2015年，第393页。
②"历代装饰风格这门课，是学习装饰画的一门必修课，它是从绘画基础练习，进入到专业学习的桥梁。"见庞薰琹：《中国历代装饰画研究》，上海人民美术出版社，1982年，第125页。
③"……不单敢于创新，也善于创新。而且往往不是有了条件再创新，相反往往是在创新的过程中，为工作创造了条件。"见庞薰琹：《中国历代装饰画研究》，上海人民美术出版社，1982年，第125页。
④庞薰琹：《中国历代装饰画研究》，上海人民美术出版社，1982年，第126页。
⑤［美］艾迪斯、埃里克森：《艺术史与艺术教育》，四川人民出版社，1998年，第185—187页。

其他研究者而言，由于中国古代装饰艺术囊括了古代社会生活的方方面面，或能从中拉开时间距离，审视自己研究领域的得失。如此，今天再次涉足中国古代装饰艺术领域的研究，显然意义深远。

较之西方古典艺术，中国古代装饰艺术在创造上通过细微地观察自然并内化于心，再经过简化、概括、提炼，运用线条的形式，呈现出一种非自然客观的形态。可以说，创作者对自然形态的主观认知和个人意志，对中国古代装饰艺术的形式、色彩都有着较大的影响，而个人意志往往会受到来自群体、社会、国家等诸多外在因素的影响。基于此，中国古代装饰艺术承载着不同历史时期的艺术风格、审美追求，同时还隐含着每一个历史时期人的意志、国家与社会的发展变迁等诸多历史信息。因此，中国古代装饰艺术不仅是审美的实体，也是历史研究的原始文献。这应该是研究中国古代装饰艺术所隐含的意义。

中国古代装饰艺术需要开展广泛的专题研究，这是研习中国古代装饰艺术最深远的意义，也是坚定文化自信坚实的一步。

四、新时代、新方式的装饰艺术

今天，研习中国古代装饰艺术，一方面是通过学习与研究，继承、保护优秀的传统文化，挖掘、保护、传承优秀的中国古代装饰艺术是新时代艺术研究领域的一个重要命题。另一方面，研究中国古代装饰艺术，不是为了汇编成册后束之高阁，也不是请进博物馆奉若神明，而是结合新时代的大众需求、社会风尚、文化特色，深入地探讨如何将传统元素融入新时代国家、民族意志，并内化于心，创造出新时代、新方式的装饰艺术。

诚如前面庞薰琹先生所言，研习传统装饰艺术是要学习和研究它的内在精神与外在方法，而非原样抄袭的拿来主义。不同历史时期的装饰艺术均诞生于特定的社会环境和文化背景，明显带有各个时代的社会、文化特色。历代装饰艺术之间虽有明显的承续关系，但鲜有照搬抄袭之作。回溯中国古代装饰艺术，不难发现，后一个历史时期的装饰艺术，总是在对前者的吸收、融合、创新的基础之上，创造出属于本时代的装饰艺术。同时，对于各个民族和外来的装饰艺术，更是采取了吸收、融合、创新的方法。庞薰琹先生说："两千多年来，一直是不断地吸收、融合和创新，但是始终保持着我国装饰艺术的特有风格。"[1] 因此，中国古代装饰艺术是一个具有前后承续关系的

---

① 庞薰琹：《中国历代装饰画研究》，上海人民美术出版社，1982年，第125页。

完整体系。应该看到，中国古代装饰艺术能永续流传，得益于不断吸收、融合下的推陈出新，而非照搬前朝。

新时代的装饰艺术与中国古代装饰艺术一脉相承，既要传承古代装饰艺术的手法和技巧，又要学习它不断吸收、融合、创新的精神。因此，创新是新时代装饰艺术的主题。

对于如何创造出新时代的装饰艺术，仅提出两点思考：

一是形式、内容的创新。从各个历史时期的装饰艺术发展上看，装饰艺术始终紧扣时代主题。两汉时期浪漫主义风格弥漫，所以产生了马踏飞燕、长信宫灯等极具浪漫色彩的装饰作品。汉代的生死观中，往生世界是现实生活的再现，因此，画像石、画像砖上充满了人间意味。新时代有新的时代主题，有新的内容，更有新的艺术形式。比如，今天，城乡建设快速发展，城市和乡村的市容村貌美化成为一个突出现象。中国幅员辽阔，各区域因发展不平衡，导致市容村貌美化工程发展不一。经济发达区域的美化工程普遍结合时代精神和时尚元素，偏远区域或民族地区则多利用传统文化符号。孰优孰劣，可谓仁者见仁，智者见智。但有一点需要说明，当代城乡建设主旨突出和谐，即人与环境、人与建筑、建筑与建筑、建筑与环境的和谐。同理，市容村貌的美化内容应该与环境和谐，与美化主体和谐，与行于此、居于此的人和谐。

二是新的方式的创新。装饰艺术的发展史也是一部工艺技术的成长史。装饰艺术不仅美在纹样的形式，还美在工艺、技术。如果楚人没有掌握精准的失蜡法，就无法造出铜冰鉴。因此，技术可以限制装饰艺术的发展，也可以成就装饰艺术的辉煌。当下，科学技术日新月异，如何结合当下尖端技术呈现科技与艺术完美结合的新装饰艺术，是当代艺术家与工程师需要共同思考的命题。令人欣慰的是，这一命题已经有了一个良好的开始。冬奥会开幕式就为世人呈现了一幅科技与艺术完美结合的图景（图27）。我国武汉黄鹤楼的夜空一飞冲天的火凤凰（图28）是通过尖端激光技术让凤凰这一千百年来存在于中国人脑海中的幻象成为一个有3D实感的瑰丽影像。这是技术成就的辉煌，是新时代装饰艺术带来的震撼。

一百多年前，钢铁技术日臻成熟，埃菲尔铁塔横空出世。人们惊艳于它的形态，更叹服于它的技术。新技术带来的新艺术，开始往往是不被世人所理解的，诚如埃菲尔铁塔诞生之初，人们争先恐后地前往只是为了一睹这一"钢铁怪物"。而今天，对于法国，对于世界而言，它是人类伟大的杰作，也是艺术与技术融合的杰作。可见，新技术的诞生必然带动艺术风格的发展与改变。当新技术与艺术相遇，必然会诞生出符合新时代气息的新艺术。同时应该看到，在装饰艺术的创造中，技术始终是创作的外部条件。只有创作

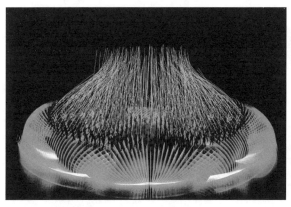
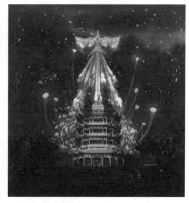

图 27 冬奥会开幕式图景　　　　　　　图 28 黄鹤楼火凤凰激光夜景

者自如地掌握了装饰艺术的内在形式规律与审美原则，技术才能成为最后的点睛之笔。

　　因此，深入研究中国古代装饰艺术，是装饰艺术创新的前提，这条路任重道远。我们始终相信，行则将至，做则必成。

　　中国古代装饰艺术灿若星河，绵延不绝。千百年来，中国古代装饰艺术通过对衣、食、住、行的修饰、打扮，将每一个历史时期的时代精神融入社会结构之中，构建了华夏文明的心灵历史；同时，它又展现着中国古代物质生活之美。诚如李泽厚先生所言：

　　"我们在这里所要匆匆迈步走过的，便是这样一个美的历程。

　　那么，从哪里起头呢？

　　得从那个遥远得记不清岁月的时代开始。"①

---

① 李泽厚：《美的历程》，生活·读书·新知三联书店，2009 年，"引言"。

第一部分 岩画艺术

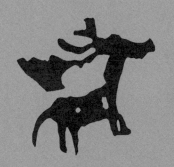

　　学界一般将史前文明划分为旧石器时代和新石器时代这两个历史时期。日本学者宫本一夫认为旧石器时代前、中期，中国南部至华北北部的广大河岸台地平原，出现了砾石器文化。[①] 砾石器主要呈现出尖状形和石片尖状形，是为了猎捕和肢解动物。同时，从现存史前时期人类留下的图形、图像痕迹上，不难发现，锋利的砾石器也可能是史前人类在岩石、崖壁上刻画出痕迹的主要工具。因此，旧石器时代，在现代人看来，亦是一个充满艺术气息的岩画时代。

---

① ［日］宫本一夫：《讲谈社·中国的历史 01——从神话到历史：神话时代夏王朝》，广西师范大学出版社，2014 年，第 70 页。

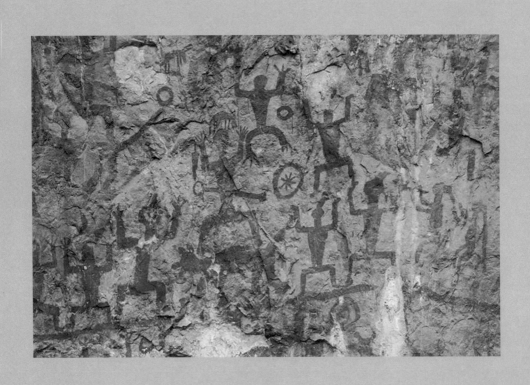

一、岩画的出现与分布

旧石器时代人类利用尖状的砾石，在岩石上刻、画符号、形象等，因时间、地点、人物等因素，衍生出许多不同称谓，如石刻、刻石、画石山、崖画、岩刻、岩画等，学界约定俗成地称其为"岩画"。

今天，史前岩画遗存不仅被艺术家和艺术史家所关注，研究史前史的学者亦倍加重视这些跨越了几万年的原始文献。史前史学者关注它，是希望从中还原出旧石器时代人类的生活场景。而艺术家和艺术史家则一直在追问：为什么要用写实的手法绘制动物？为什么不同的地域会出现相同的风格和主题？为什么要在洞穴中绘制图像？等等。

这些疑问与困惑，百多年间，一直困扰着全世界的艺术家与艺术史家。他们都试图给出一份自己的回答。首先，有学者认为岩画的出现源于个人艺术冲动的表现形式。但是，艺术作为一种自我表现主要见于成熟的文明。其二，认为画出动物的形状是为了取得对动物的控制力，是对被宰杀动物的悼念，抚慰动物的灵魂。但考古发现的往往是小动物骨骸，体形较大的动物鲜有。其三，认为是为了教育后代，认识各种动物是什么样子的，但是有些动物却是画在人几乎去不到的地方。其四，认为是仪式的一部分，具有象征或宗教意义，岩画往往绘制在犄角旮旯里，而仪式为什么要选择在这些地方？其五，认为是动物图腾崇拜，但岩画上往往是各种动物，各种形态并存。当然还有其他推测，认为是对于生育的赞美，起到装饰的作用，等等。[①] 总之，艺术家、艺术史家对于早期人类绘制岩画的目的，有着各种各样、千奇百怪的想象与推测，时至今日依然没有定论。

---

① ［美］艾迪斯、埃里克森：《艺术史与艺术教育》，四川人民出版社，1998年，第16—17页。

岩画的出现，或许如同砾石器的出现一样。砾石器是建立在原始人不断猎杀和肢解动物，在这一合规律性的形式要求和主体感受下，[1]进而产生的具有实用功利的劳动工具。据此，当原始人重复看到可猎杀的动物和可采摘的植物，以及狩猎场景等合规律性的内容时，同样会产生主体感受，做出本能的记录。因此，我们推测岩画的出现，或许也是物质生产的产物。当然，无论作出何种推测或猜想，已然很难弄清史前人类的真实意图，但有一点是不变的事实：史前人类早已将他们的所看、所思、所想客观地留在了岩石上、崖壁上。

世界范围内岩画分布的区域，主要集中于欧亚大陆。中国又是欧亚大陆上岩画发现较多的地区。中国岩画出现的时间上限，可追溯到一百多万年前，[2]下限可至汉代，[3]分布地域广袤。《中国岩画全集》将中国岩画划分为北方、西南、东南三个区域。

北方区域岩画，主要分布于内蒙古、新疆、宁夏、甘肃；表现手法主要采取在岩石上刻画的方式，风格偏写实；题材内容以描绘动物或狩猎场景为主。北方区域岩画以内蒙古阴山岩画为代表。

西南区域岩画，主要分布于云南、广西、贵州、四川；表现手法以矿物质颜料涂绘为主，形象概括、简练，富于装饰性；题材内容以群体活动为主，其中表现战争、宗教、巫术、舞蹈的内容最具代表性。西南区域的岩画以云南沧源、广西花山岩画为代表。

东南区域岩画，主要分布于江苏、安徽、福建、广东、台湾和港澳等地；表现手法以凿刻为主，形态抽象近似符号；题材内容较多反映出海活动。东南区域岩画以江苏连云港岩画为代表。[4]

---

① 李泽厚认为："劳动工具和劳动过程中的合规律性的形式要求（节奏、均匀、光滑等）和主体感受，是物质生产的产物。"李泽厚：《美的历程》，生活·读书·新知三联书店，2009年，第2页。

② 在内蒙古乌拉特中旗韩乌拉山的大角鹿岩刻（图6），其角甚大，呈扁平形，伸作掌状。这种大角鹿出现的时间是在距今一百多万年前更新世早期，到距今一万多年前的更新世晚期就已经灭绝了。《中国岩画全集：北部岩画》，"陈兆复：《中国岩画全集》序"，辽宁美术出版社，人民美术出版社，2007年，第5页。

③ 汪宁生认为崖画创作者和云南青铜文化的主要居民，在装束、爱好、信仰乃至一些仪式上，是有共同之处的。两者的时代不应相差太远。它们应是同一文化阶段的产物。汪宁生：《云南沧源崖画的发现与研究》，文物出版社，1985年，第107页。另据尚刚判断，云南青铜器中大部分精彩器物属于西汉。尚刚：《中国工艺美术史新编》（第二版），高等教育出版社，2015年，第122页。基于此，云南沧源岩画最晚至汉代。

④ 参见陈兆复：《中国岩画全集》序，陈兆复：《中国岩画全集：北部岩画》，辽宁美术出版社，人民美术出版社，2007年，第4页。

除此，在山西、西藏也发现有早期的岩画。

二、岩画艺术的风格特征及地域差异

中国岩画艺术普遍表现出形象概括简练、画风粗犷的特征，但是不同区域间又有所不同。

北方区域岩画出现的时间早于其他区域。画面主要表现动植物（图1），也包括人物（图2）、人面（图3）、舞蹈、狩猎、太阳（图4）等内容。北方岩画总体偏向写实风格，对于动植物的刻画尤其明显，而对人物、人面的表现则要概括、简练许多。并且人面和太阳等内容的表现，明显出现符号化的装饰意味。同时，表现技法也颇为丰富：表现动植物形态，主要运用尖锐器物刻画而成；表现人物、舞蹈的内容，除形体刻画之外，又有采用矿物质颜色进行涂抹的方式；而人面和太阳形象明显是凿刻出来的痕迹。可以说，中国北方岩画在整体风格下，仍然存在技法、形式上的差异。这些差异反映出北方岩画艺术在时间、工具、思维上的变化，并且这一变化具有一定的普遍性。

首先，时间上的变化。北方岩画经历了一个较漫长的发展期。在内容上，从表现动植物到描绘人和人的活动，反映出史前人类从观察、关注获取食物的生存需求，逐步走向对自身的观察与思考。而对于自身的观察显然重点不在外观，或许是想表达自身的某种感受或思考。因此，描绘从注重表现动植

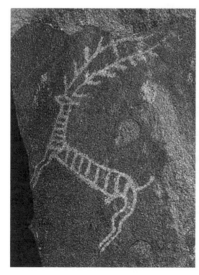

图1 动物岩画

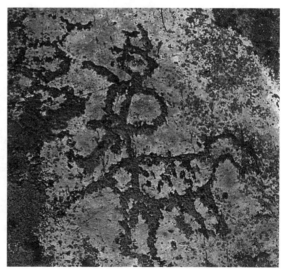

图2 人物岩画

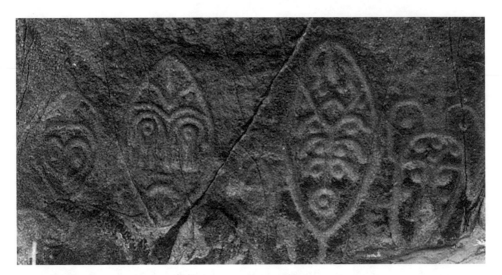

图 3 人面岩画

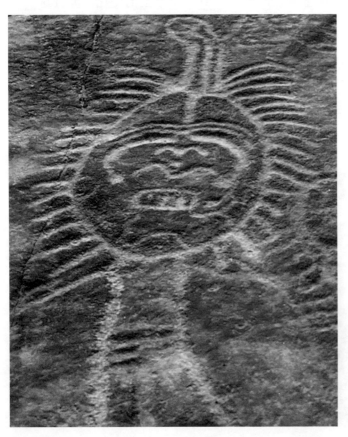

图 4 太阳岩画

物细节，逐渐走向概括、简练地勾勒出人的基本形态。通过不断地概括、提炼，最终抽象出具有装饰性的人形、人面图形以及太阳图形等有意味的形式。从具象到抽象的形式差异，实质是时间沉淀出的不同风格。

其次，工具造成的变化。早期动植物形象多是刻画而成，应该是运用较坚硬的石器完成。这种石器属于小型石片石器，主要出现在中国西南部至华北北部及东北部。而到约 3 万年前至旧石器时代后期的更新世末期，出现了细石叶文化。细石叶技术是把砾石石核剥离成多个一定形状的纵长细剥片，再通过精心打制加工而成石叶剥片（图 5）。石叶剥片的出现，较之以前小型石片石器是一项新技术革新，[1] 新技术的出现应该得到了较广泛的运用。在使用小型片石刻画岩石的基础上，又有新的石叶剥片可以凿刻岩石。研究发现，北方岩画中部分人物图像、人面图形、太阳符号等，明显是凿刻而成。这表明新型工具在岩画上得到了运用。在装饰艺术的发展中，每一次技术革新不仅带动了装饰种类的增加，同时也引发装饰形式与手法的变化。

其三，思维引发的变化。从描绘动植物到表现人或人群活动，从具象写实手

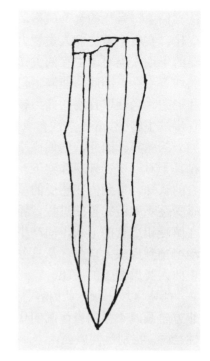

图 5　石叶剥片

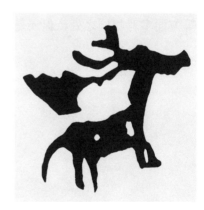

图 6　大角鹿岩刻

① ［日］宫本一夫：《讲谈社·中国的历史 01——从神话到历史：神话时代夏王朝》，广西师范大学出版社，2014 年，第 70 页。

法到抽象符号化的装饰风格，这一变化过程，表面上是内容、手法、风格的变化，实质上是史前人类智力不断完善的过程。研究表明，使用小型石片石器的早期人类对于生存的关切更具动物属性，他们一生的全部精力几乎都在关切着生存。因此，能满足果腹之欲的动植物，是其思维中最早形成的认知和形态。当获取食物的能力越来越高明、成熟时，他们所关切和思考的方向逐步发生转变，开始关注自身结构、感受、子嗣绵延以及主体（人）与他者（动物）的差异。因此，他们描绘与记录的对象从动植物转向自身，而这尚停留在基于对动植物外观体察下而建立的具象的思维模式。从外观体察到内化于心的认知，再到内在感受的呈现，这是一个漫长的过程，也是体察、认知、感受逐步积淀完善的过程。经过不断地思考与实践，人类找到一种与表达内在感受相适合的形式，即产生概括、简练的近似符号的图形、图像。从描绘动植物到反映人自身，从具象到抽象，这既是岩画艺术风格上的变化，也是史前人类思维上的变化。

西南区域岩画，从内容、形态、手法上呈现出丰富多样的特质。如果说，北方岩画属于早期肖像画的代表，那么，西南岩画则代表了早期的宏大叙事性绘画。特别是同属西南岩画的云南沧源（图7）和广西花山（图8）的岩画，其表现场景之宏大，表现手法之自由奔放，都令观者为之震撼。

西南岩画总体上要晚于北方岩画，其中较具代表性的云南沧源和广西花山部分岩画绘制时间下限，可能接近汉代。虽然两者在题材内容、表现手法等方面多有相同之处，但还是存在差异，有着各自不同的风格。

图 7 沧源岩画

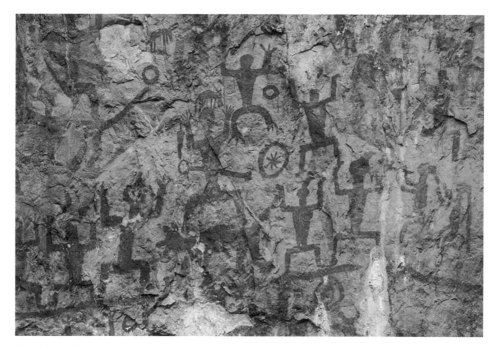

图 8 花山岩画

云南沧源岩画的题材内容，更强调宏大的叙事性，如战争场面、劳作、聚居村落，甚至出现类似部落祭祀的场景。在人物、动物等形态表现上高度概括，普遍具有较强烈的装饰性。沧源岩画多采用手指，[1]将赤铁矿研磨成粉，调和动物油脂[2]制成的颜料，绘制、涂抹于岩壁或崖壁上。从现存的画面上，一笔一画，可以明显地感受到绘制者抱持着一份敬畏虔诚的态度。这些岩画也许是早期的图形化文字，记载了整个族群历史。

广西花山岩画的题材内容，以表现祭祀或巫术活动的场景为主。它所表现的叙事性相对抽象、感性。在颜料与手法上与沧源岩画如出一辙。不同的是，人物造型更具夸张感和表现性，更倾向于追求笔法的奔放与自由。不同的表现形式创造出迥异的风格。一方面是不同民族特性所导致；另一方面，

---

①盖山林认为云南沧源的岩画多采用手指绘制，广西左江岩画主要是用竹笔、草笔、羽毛笔绘制。盖山林：中国北部岩画概述，载陈兆复：《中国岩画全集：北部岩画》，辽宁美术出版社，人民美术出版社，2007年，第37页。
②杨天佑提出，岩画中赤铁矿颜料的运用，可能就是旧石器时代用赤铁矿粉涂抹死者习俗的延续。杨天佑：云南四川的岩画艺术，载陈兆复：《中国岩画全集：南部岩画》，辽宁美术出版社，人民美术出版社，2007年，第16—17页。

或是出于不同的使用目的与需求差异；再一方面，与使用不同的绘制工具有关。花山岩画应该是使用了毛笔或毛刷类的绘制工具，而非沧源岩画所采用的手指作画。显然，用手指在粗糙的岩壁上，狂放地绘制、涂抹是不可想象的。花山岩画表现出的那种强烈的律动感，令观者不禁产生想一起舞动的激情。

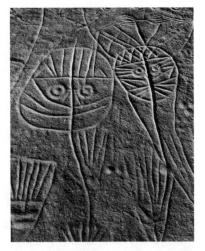

图 9 将军崖岩画

东南区域岩画以江苏连云港的将军崖岩画（图 9）为代表。题材内容有人物面具、星象、太阳；手法上多采用凿刻法；以符号化的装饰图形为主，并无独创性的风格，属于北方岩画艺术风格的延续。

纵观中国岩画艺术的遗存，基本采用线条和二维平面化的呈现方式。没有发现类似西班牙阿尔塔米拉洞穴壁画中三维立体的形态。可以说，中国岩画艺术没有出现真正意义上的具象写实风格。如果以阿尔塔米拉洞穴壁画上的野牛（图 10）形象为参照，中国北方岩画的艺术风格大概属于具有写实风格倾向的作品。应该说，中国艺术[1] 从岩画艺术开始就充满了装饰性的意味。诚如陈兆复先生在《〈中国岩画全集〉序》中所言："到目前还没有发现像欧洲旧石器时代洞窟岩画那样形象写实的作品；或许说，中国岩画从来就没有太具象的作品……尽管中国岩画，形象已经明显地具有概念化和图案化倾向。"[2] 前辈学者已敏锐

---

①此处艺术具有一定的特指，不包括舞蹈、音乐、表演等其他的中国艺术形式。
②陈兆复：《中国岩画全集》序，陈兆复：《中国岩画全集：北部岩画》，辽宁美术出版社，人民美术出版社，2007 年，第 10 页。

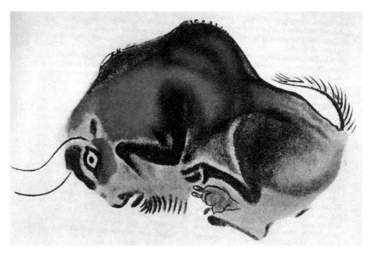

图 10 西班牙阿尔塔米拉洞穴壁画上的野牛

地发现东西方岩画艺术之间的风格差异，陈兆复所言"或许说，中国岩画从来就没有太具象的作品"，这应当是他对于中国岩画艺术的研究者提出的问题与思考。

在世界范围内早期的岩画艺术中，为什么西班牙阿尔塔米拉洞穴壁画中的野牛描绘得逼真写实，而中国岩画艺术却普遍充满装饰的意味，即使是具有写实倾向的作品仍然采用线条和平面化的表达，如此高度的概括能力，是自然的禀赋还是其他未可知的力量？这值得史前史和史前艺术史的研究者们深入探究。

三、岩画艺术的价值

史前时期的岩画，作为人类最早的艺术作品，透露出人类朴实而聪慧的天性，呈现出真挚而不掩饰的性格，表现出人与自然和谐相处的美好图景，展现出远古人类原始而野性的群体活动。岩画的出现，预示着这个星球将迎来一个全新的时期——人的时代。

无论史前人类是基于何种目的而凿刻、绘制这些图形、图像，岩画都较客观地记录了史前人类所处时代的环境与生物种群。因此，岩画一方面展现了早期人类对于形态最初的认知；另一方面，成为今天对于史前时期自然风貌、群体结构展开丰富联想的依据。基于此，岩画的价值，约略可从以下两个方面展开探讨：岩画的艺术价值、岩画的社会学价值。

首先，是岩画的艺术价值。从艺术的起源，或是人类艺术的发展视角观察，原始岩画的价值是不容忽视的。学界对于人类艺术起源莫衷一是。如果从史前岩画遗存的各种图形、图像以及背后隐含的内容分析，不难发现，人类艺术的起源与原始生存之间有着千丝万缕的联系。如果说，史前人类穷其短暂一生的事业是不断维系个体的生存，那么，在他们短暂的一生之中，为何要将各种形态刻画到岩石上？在他们眼中，刻画岩石显然不是我们今天所认定的艺术行为，而是基于维系个体生存中的某一个程序或动作。他们在千百次的重复中逐渐对形态、形象产生朦胧的认知和理解，并将这一动作赋予双重含义：一是仍然是维系个体生存必需的行为；二是带来视觉上的某种感受。这既是原始岩画所承载的信息，也是岩画艺术对于自身起源的回答。

此外，东西方艺术发展的差异，在原始时期就出现了明显的分野。阿尔塔米拉的野牛（图10）与乌拉尔山的大角鹿（图6）形成了两种完全不同的绘画语言风格：一个重细节描绘，以再现的手法反映所观察的事物；一个喜概括简练，以表现的手法抒发对物体的感受。一个重理，一个抒情，二者之间的差异似乎在东西方人各自早期的生存活动中已成为定局。那么，史前时期的东西方世界又是有着怎样的不同，导致他们从一开始就走向了各自的两端？这令我们感到困惑，但只能留待后来者。

其次，是岩画的社会学价值。前文所言是岩画的艺术价值，而作为艺术作品的岩画又有着怎样的社会学价值？早期岩画出现的时代，人类并没形成今天完整的社会形态，而是以小部分人群分散聚居的形态为主，在漫长的发展中逐步构建出人类社会的雏形。虽然，早期岩画中鲜有表现这种聚居生活的题材。但是，从岩画表现的动植物、人物以及狩猎活动的图像上，依然能感受到聚居形式的蓬勃。

美国学者艾迪斯和埃里克森，对于史前时期的岩画艺术作品进行了饶有趣味的分析。他们注意到，当下不少人绘制一幅画是为了解释和掌握绘制的对象。譬如，评判一幅肖像的好坏，主要是看肖像画是否抓住了人物要点，即人物面部特征。然而，在世界很多地方，一部分人不喜欢让陌生人绘制肖像或拍照，认为那样他们的性命就"捏"在了别人手里。据此，他们推断，原始岩画以写实的手法来绘制动物，是否代表岩画具备某种控制动物的力量？并进一步推断，绘制者所握有的力量就可能使他们成为所在群体的精神领袖。[1]美国学者的分析是否合理，暂不评论。但是，从他们的分析中可以

---

① ［美］艾迪斯、埃里克森：《艺术史与艺术教育》，四川人民出版社，1998年，第23页。

看到岩画艺术的价值，不仅体现在岩画画面所呈现的内容，更有隐含在图像背后需要去发现与发掘的内容。在史前史的研究中，岩画艺术是重要的原始文献，学者借助岩画艺术呈现的视觉内容，去寻找社会发展中的原始雏形，或是推断岩画的刻画是个体行为还是群体活动，又或是不同而邻近的群体间的交往导致他们彼此间的岩画刻画呈现趋同的风格等。

对于这一原始文献的运用，主要建立在细致的观察与分析之上。美国学者阿诺尔德·豪泽尔的在《艺术社会史》一书中写道："旧石器时代的壁画的精湛技巧还说明，这些画是一些训练有素的专业人员所为，他们一生中花相当一部分时间去学习、习练艺术，形成自己的专业群体。"[①] 而另一个学者认为，法国拉斯高洞穴壁画是由 14 个不同的绘制者完成的。[②] 两位学者的判断是完全基于他们对于岩画、壁画本身的细致观察而得出的结论。两位学者的结论正确与否不予置评，但应该看到的是，两位学者都将原始的图像，看作那个古老时期的重要历史文献，通过细致的观察、辨识、分析获得对史前时期群体生活的认知，甚至据此展开丰富的联想。

因此，原始岩画艺术所给予艺术家、艺术史家、史学家、人类学家、社会学家等各个领域的研究者的，不仅是岩画表面所勾勒的内容、形象，更有这些表象下隐含的内容。它需要每一位观察者、研究者，透过原始的图像去发掘和发现图像背后的内容，将那个遥远而古老的聚居生活还原于世人。

---

① Arnold Hauser, The Social History of Art (New York: Vintage Books, 1957), p.16.
② ［美］艾迪斯、埃里克森：《艺术史与艺术教育》，四川人民出版社，1998 年，第 21 页。

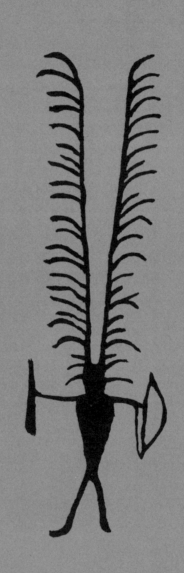

岩画艺术装饰图样

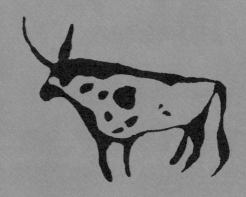

  中国岩画分布广袤，内容庞杂。这里辑录的岩画艺术装饰图样，以新疆的天山岩画、内蒙古的阴山岩画、江苏连云港的将军崖岩画、云南的沧源岩画、广西的花山岩画为主，以甘肃的黑山岩画、四川的麻糖坝岩画等为辅。

  图样的内容包括：人物、动植物、场景以及部分符号化的抽象形态。图样的形式基本以凿刻和涂绘两种技法，刻画出线条式、块面式或二者相结合的画面。

  编者在收集、整理大量中国岩画影像资料的基础上，遴选出具备较高艺术价值的图片加以绘制，力求准确还原原貌，呈现给读者以供赏析，并为美术、设计工作者提供资料参考。

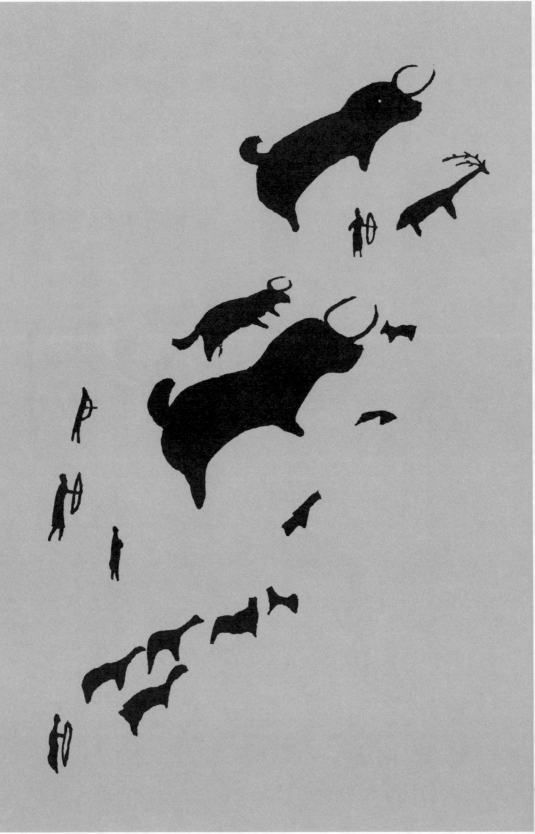

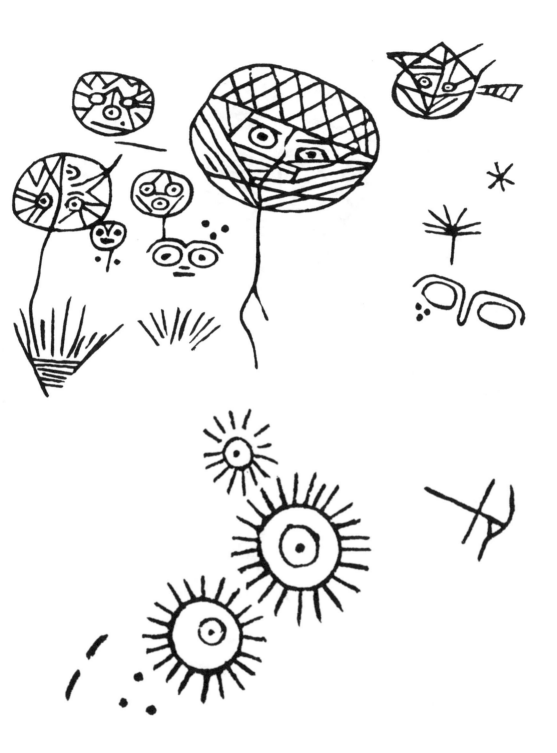

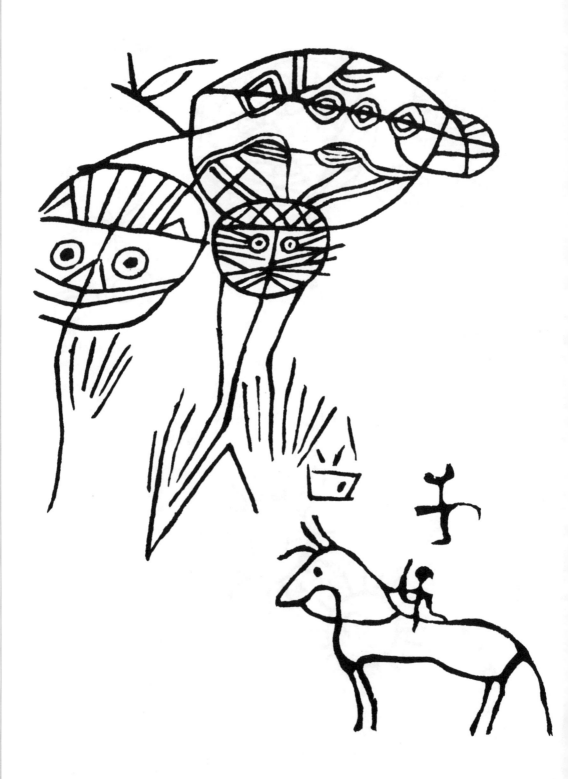

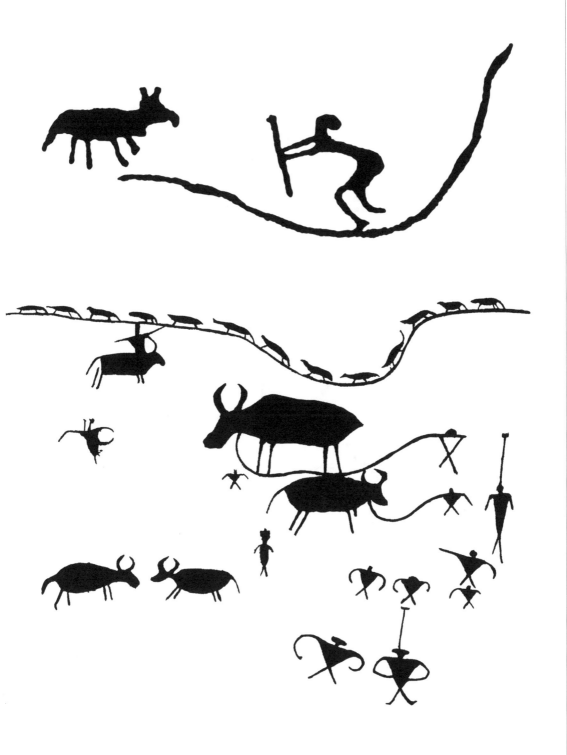

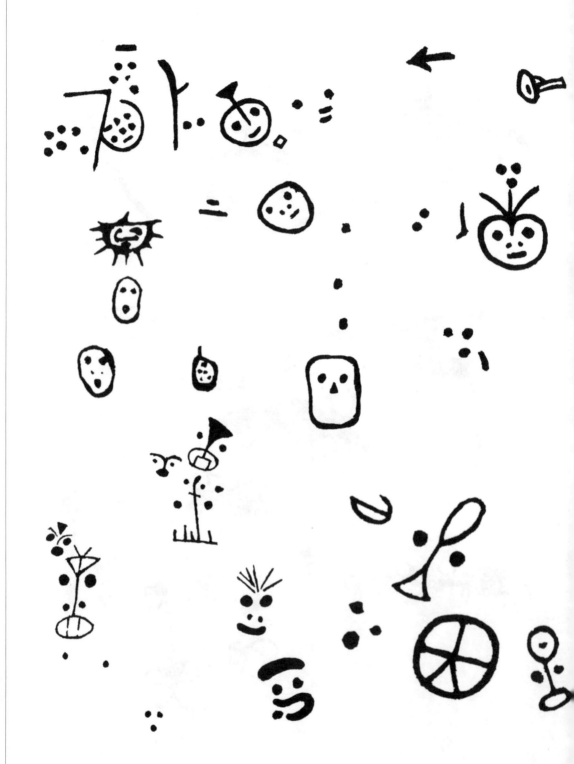

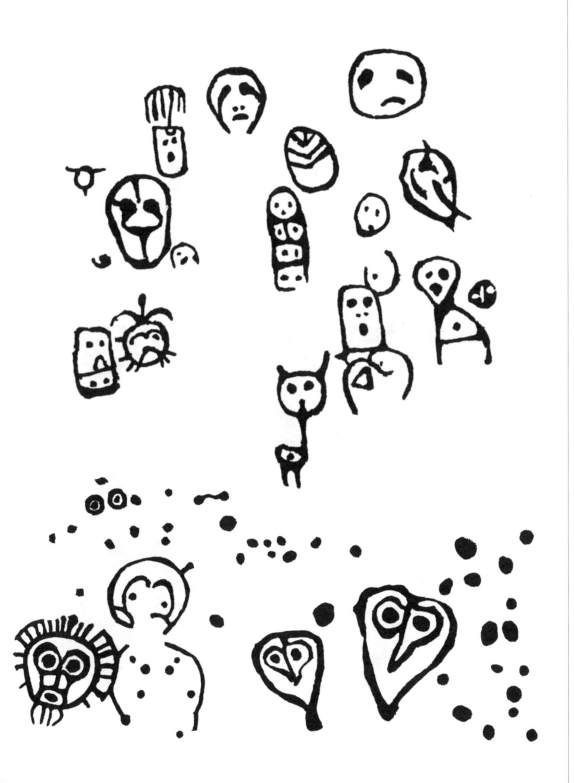

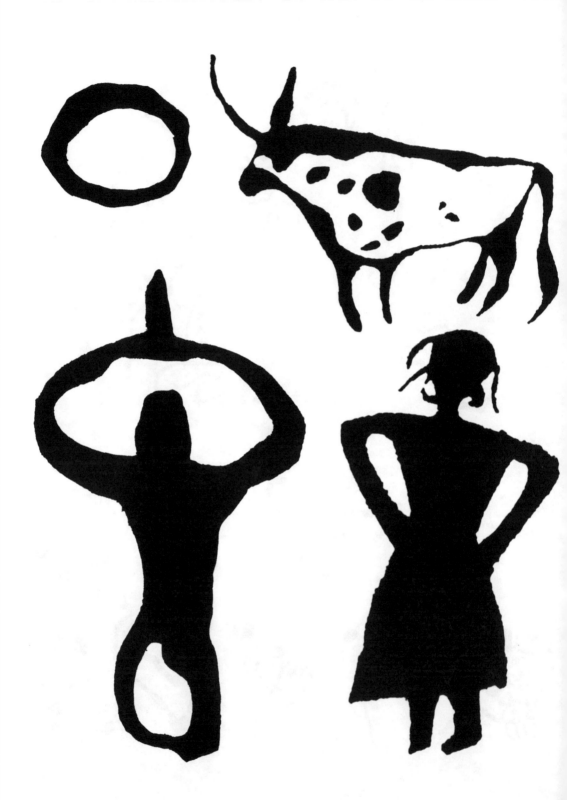

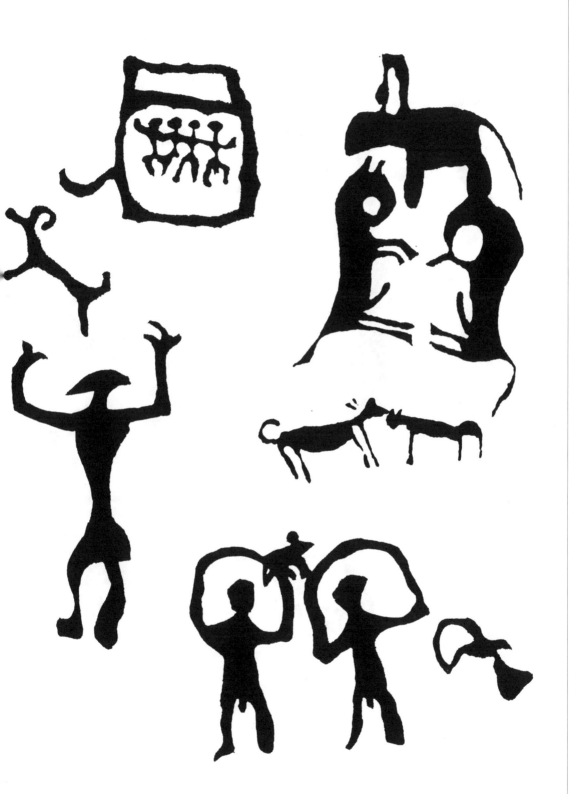

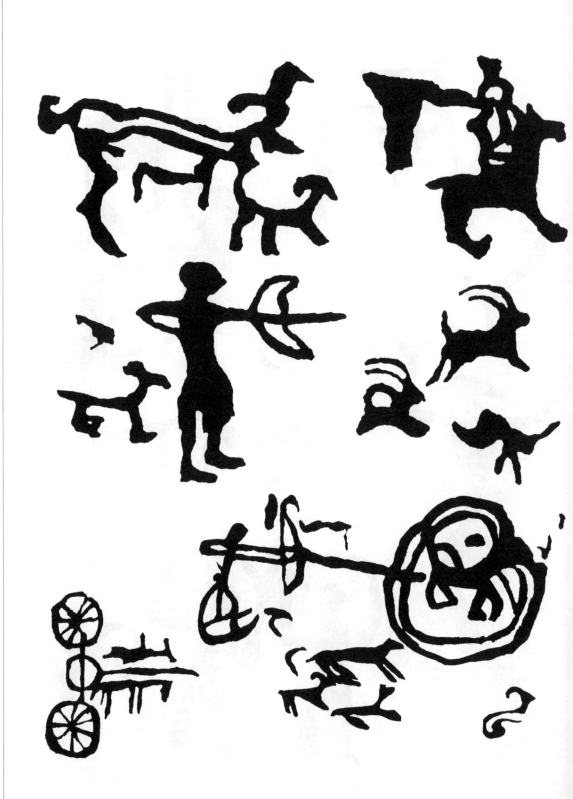

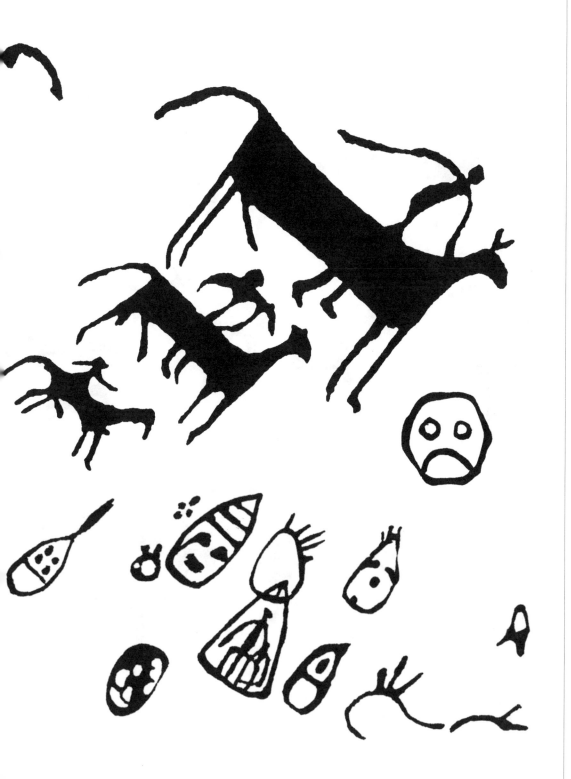

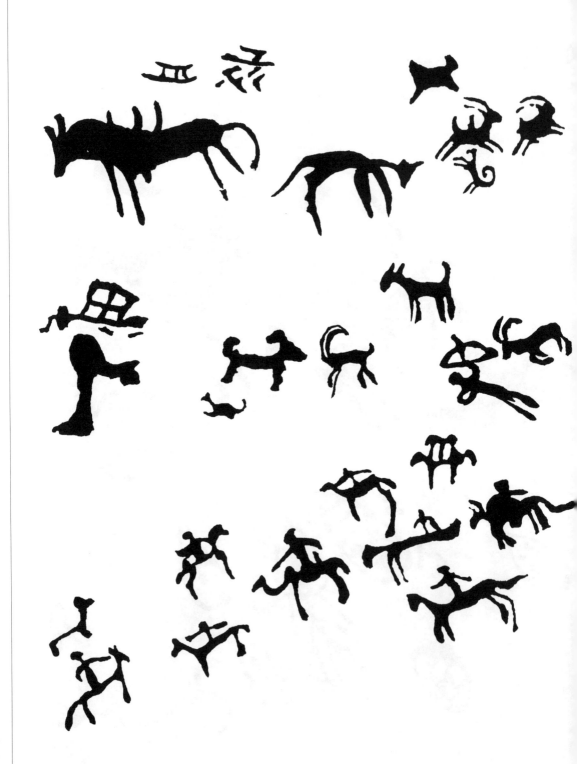

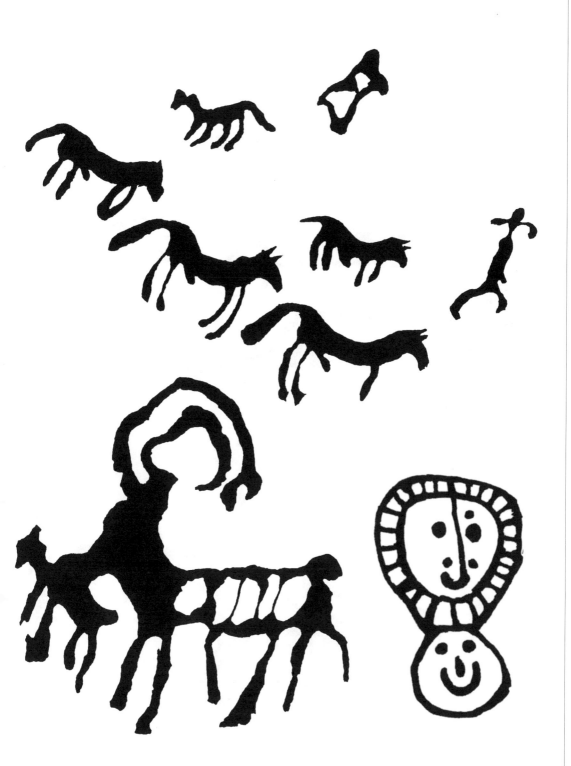

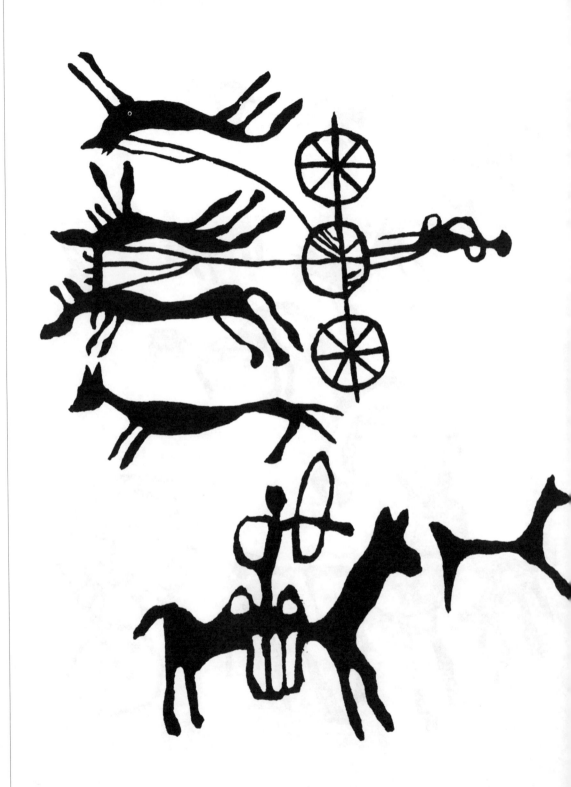

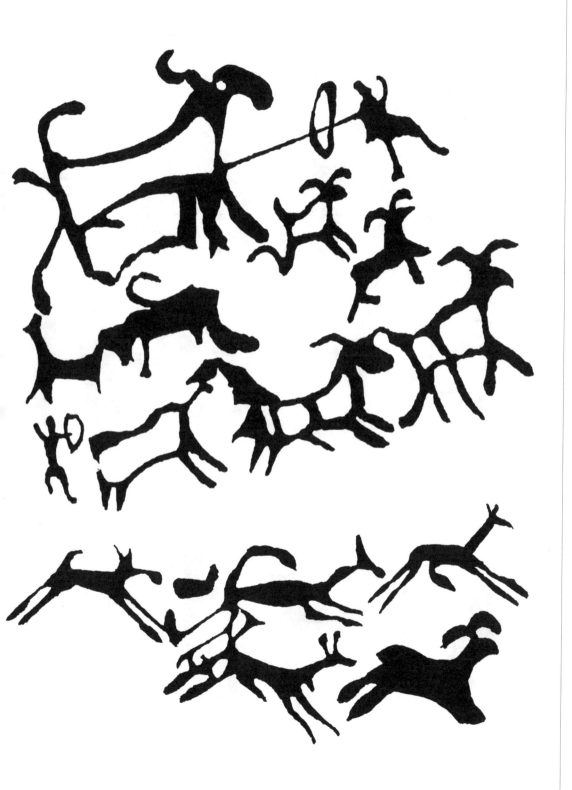

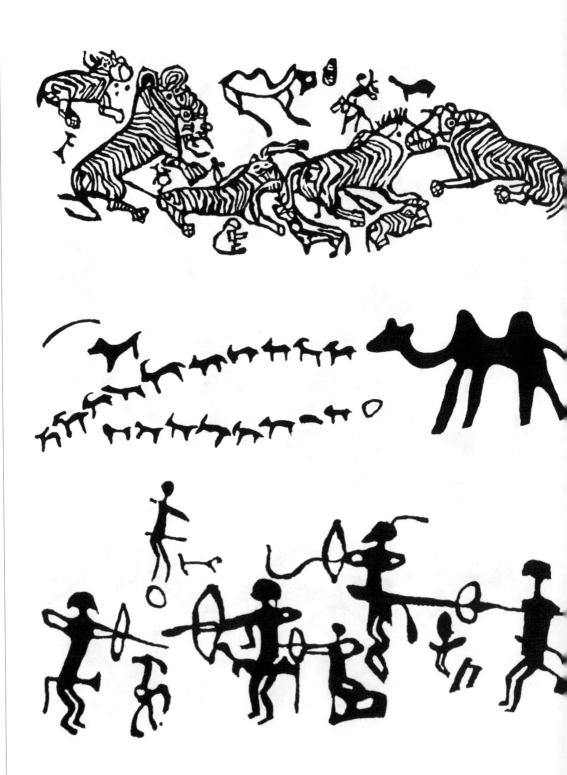

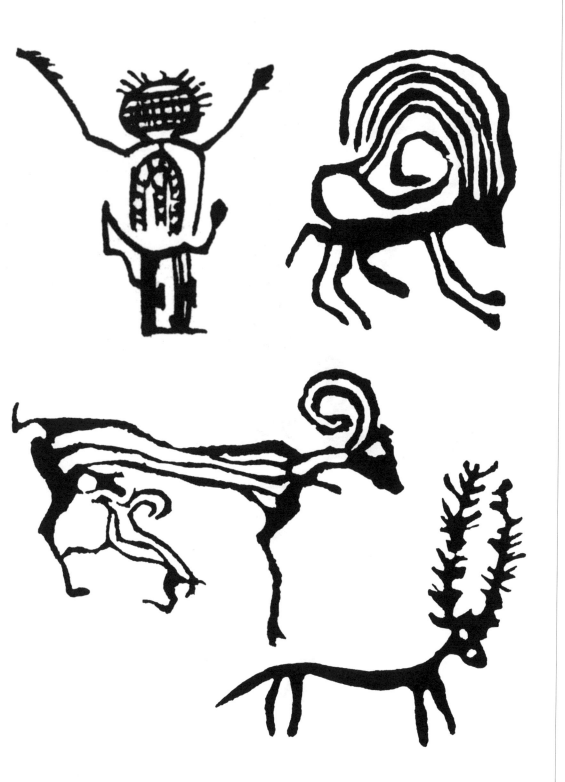

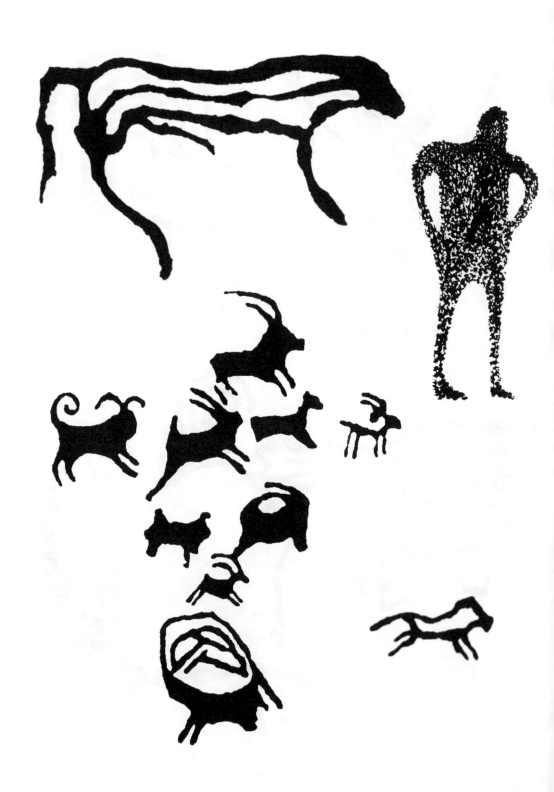

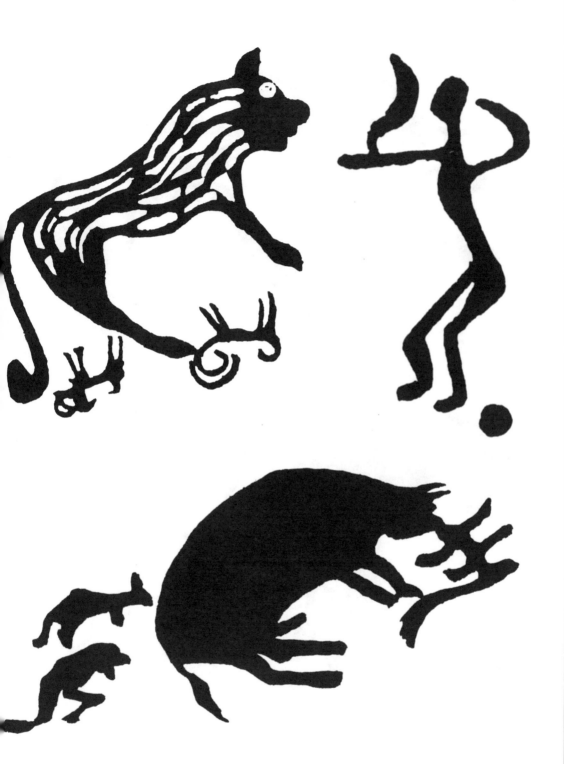

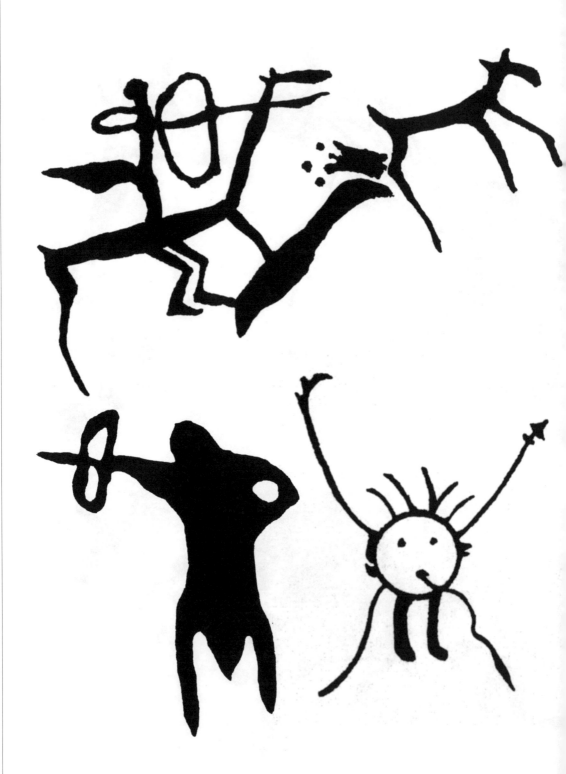

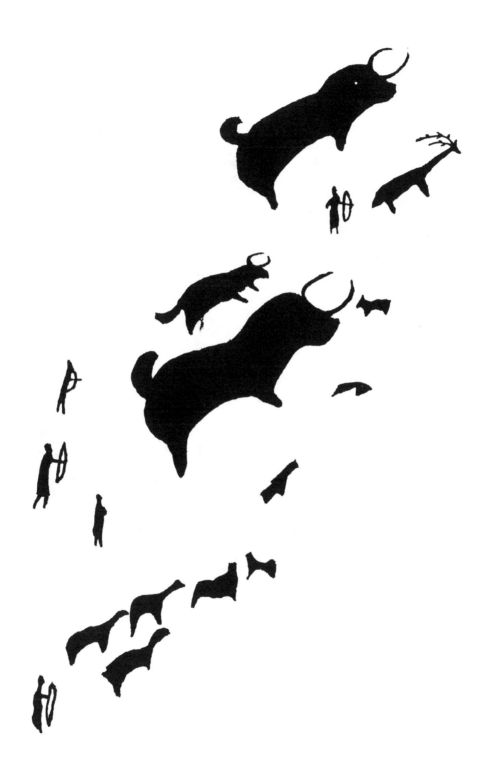

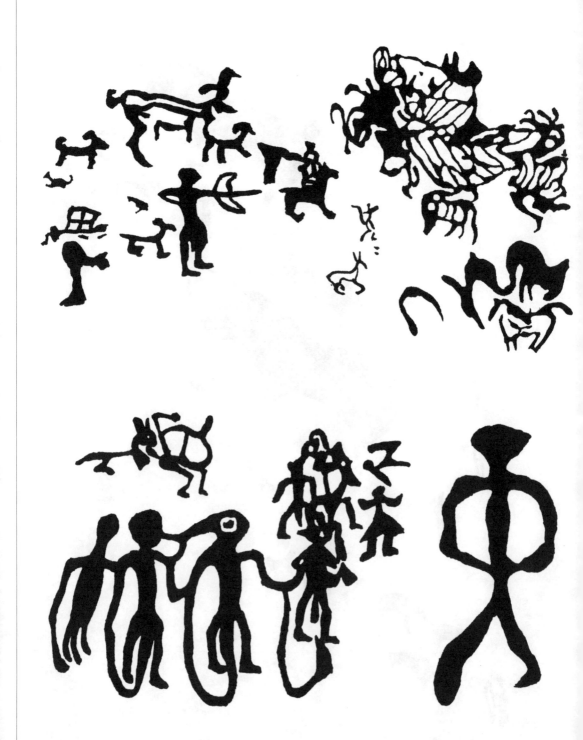

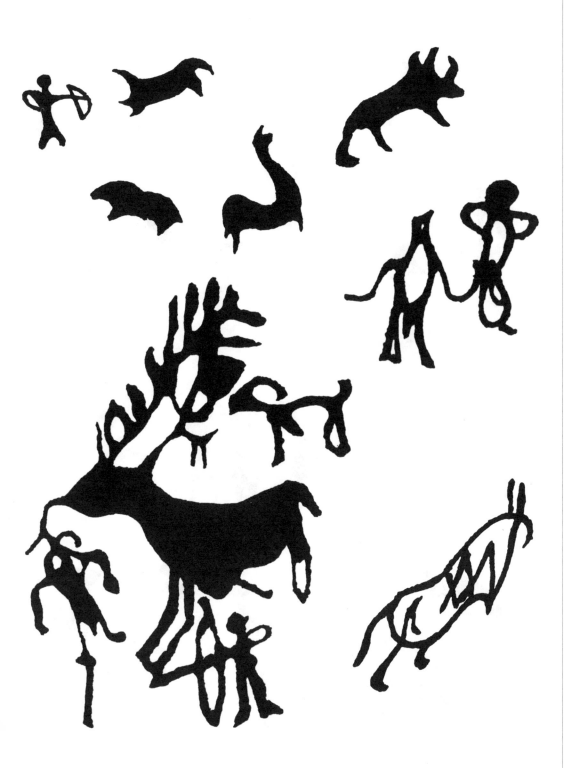

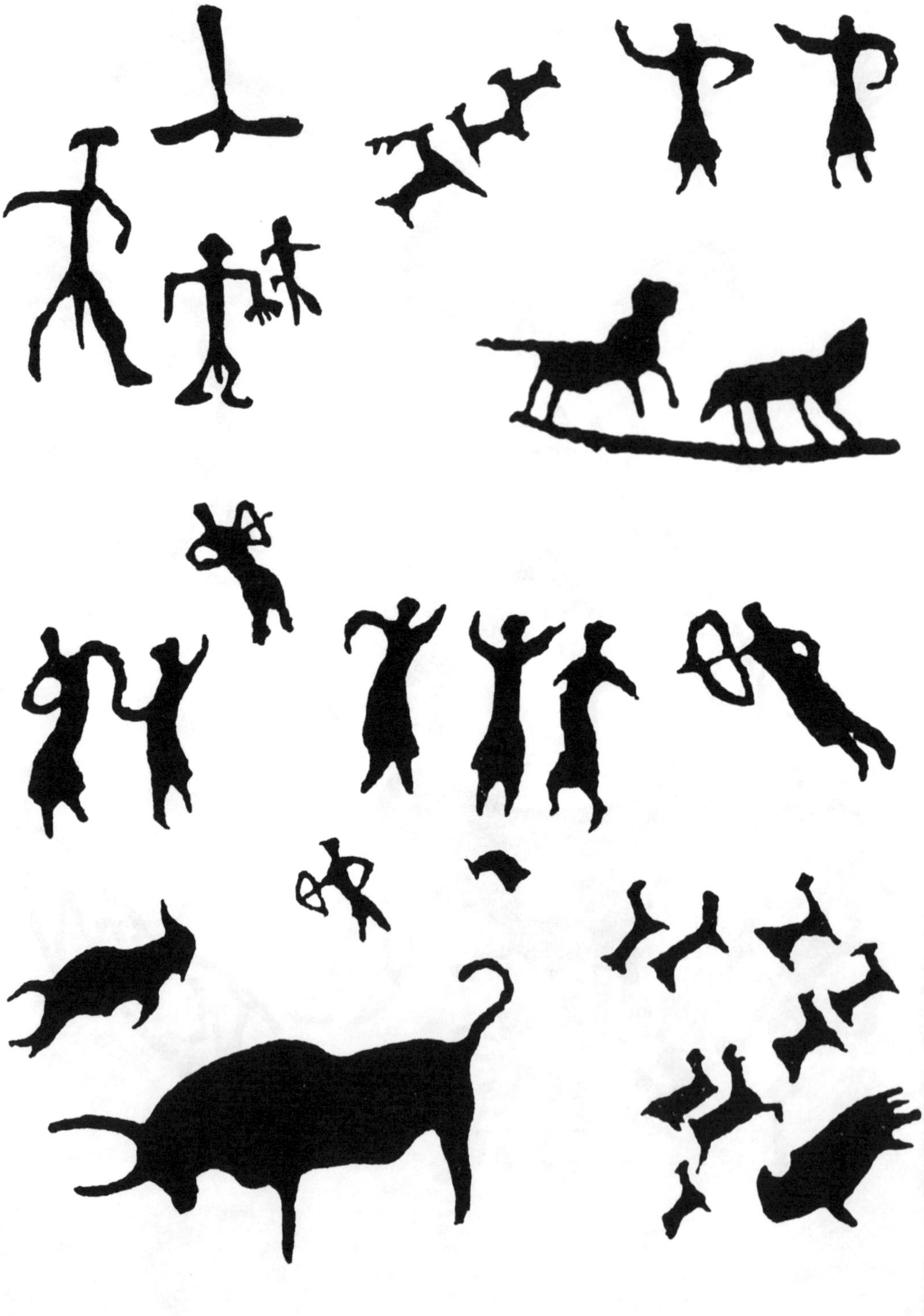

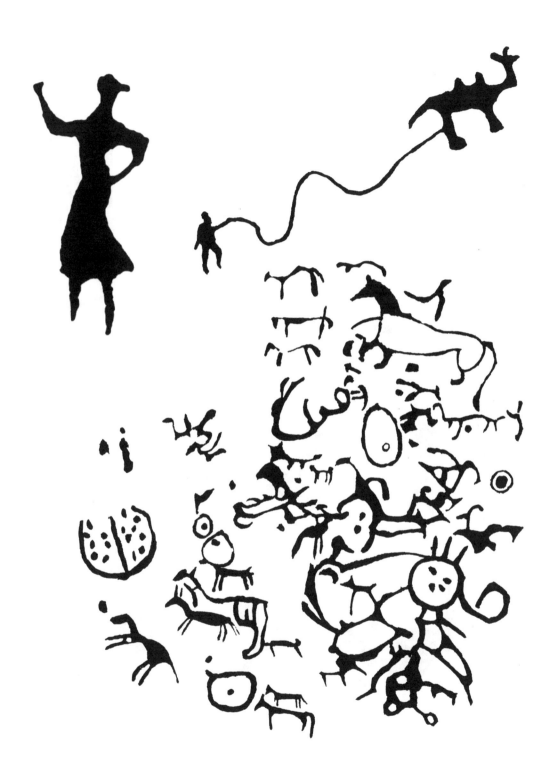

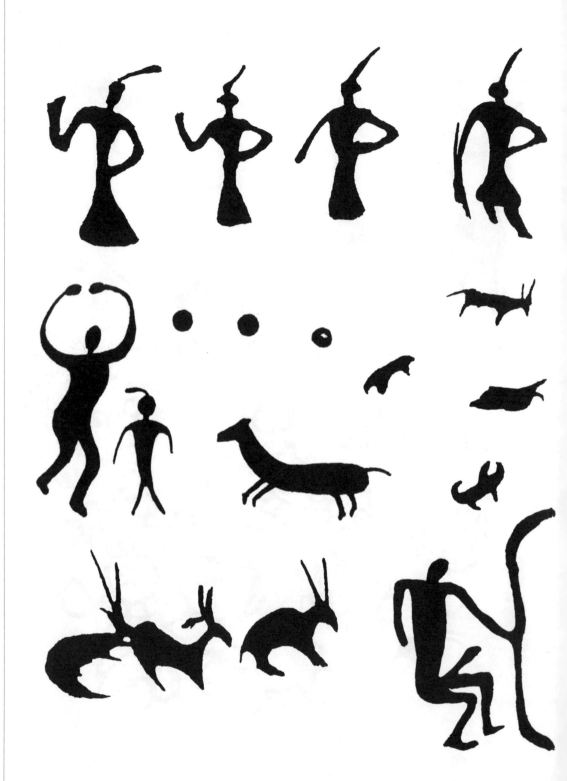

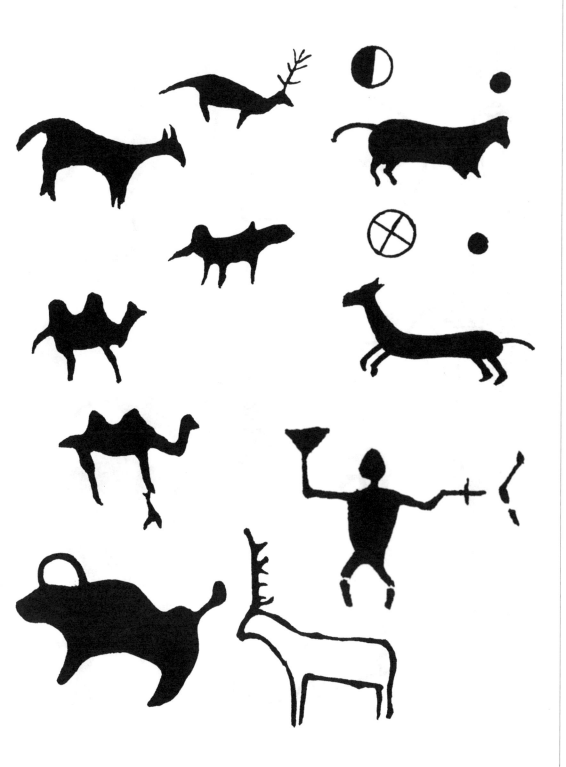

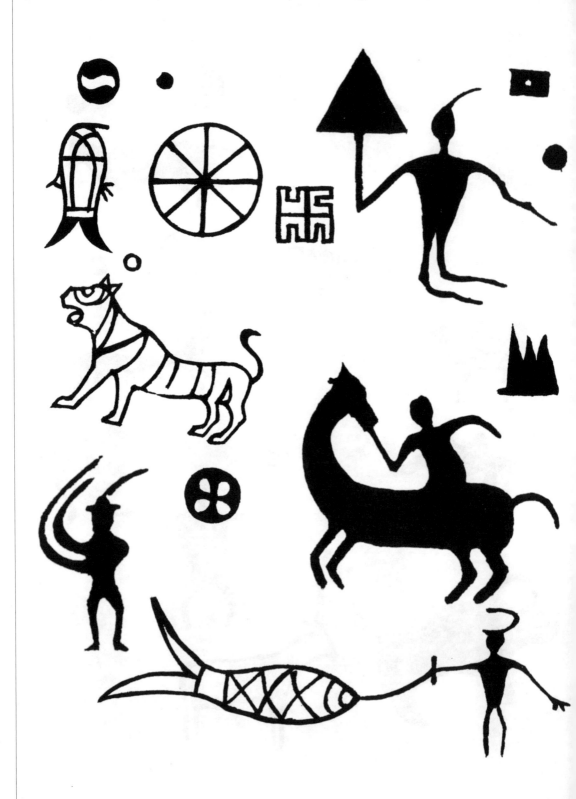

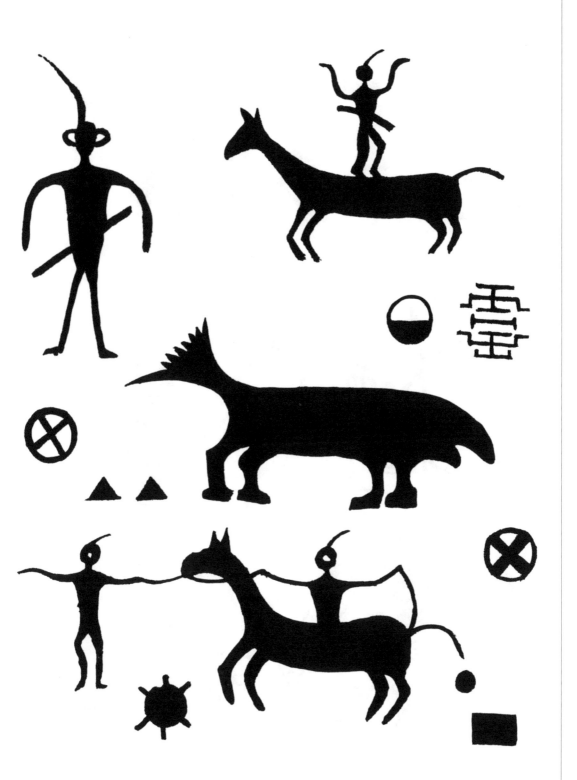

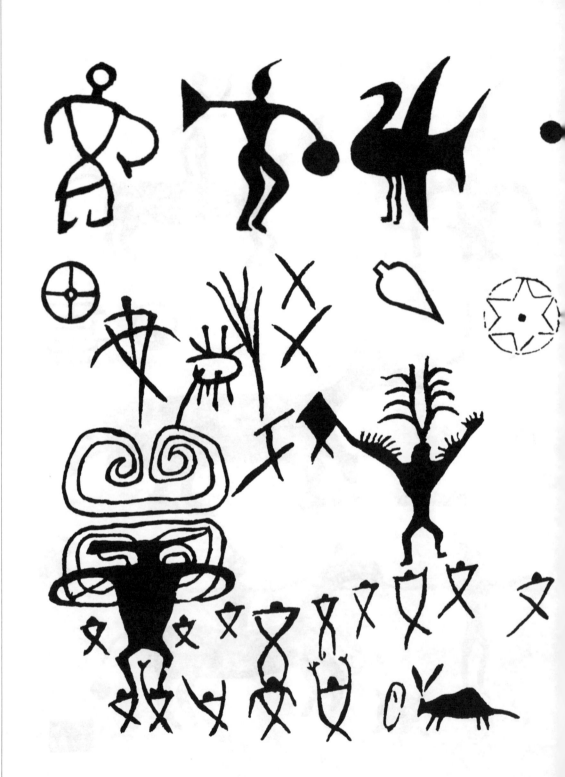

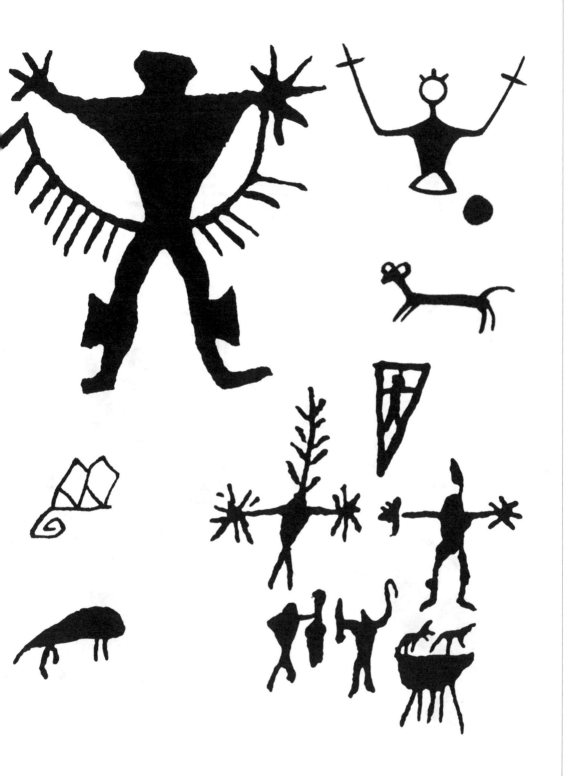

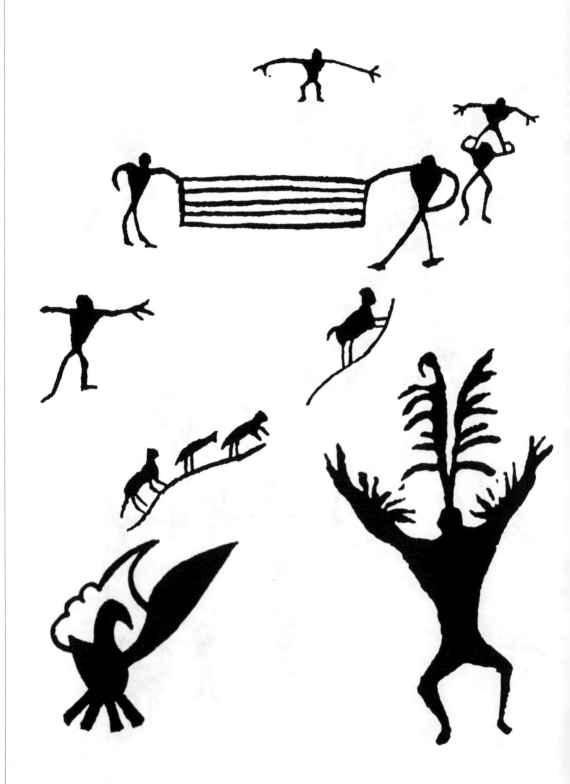

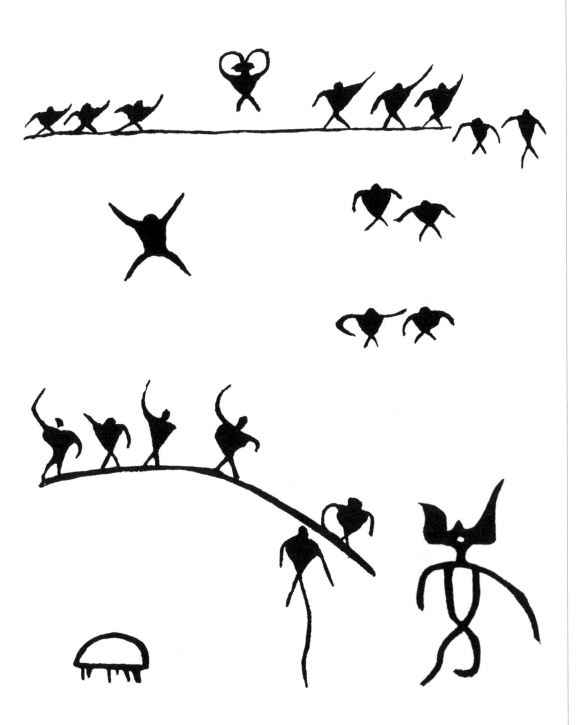

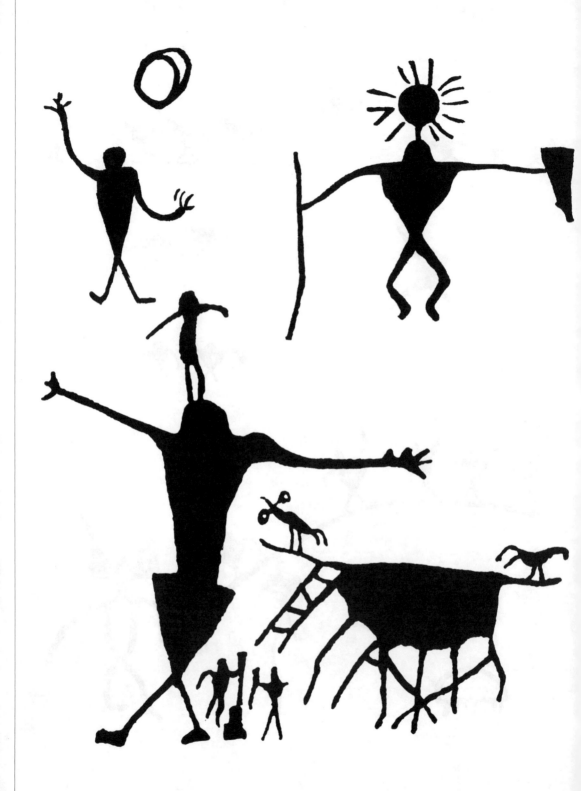

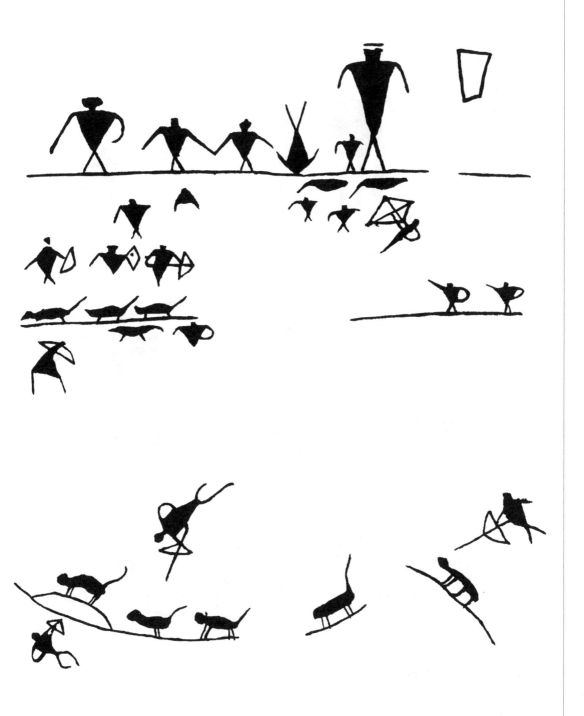

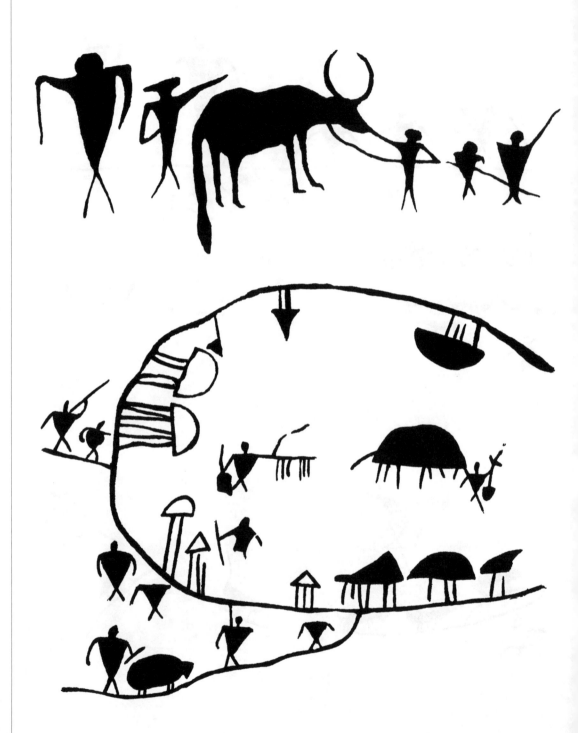

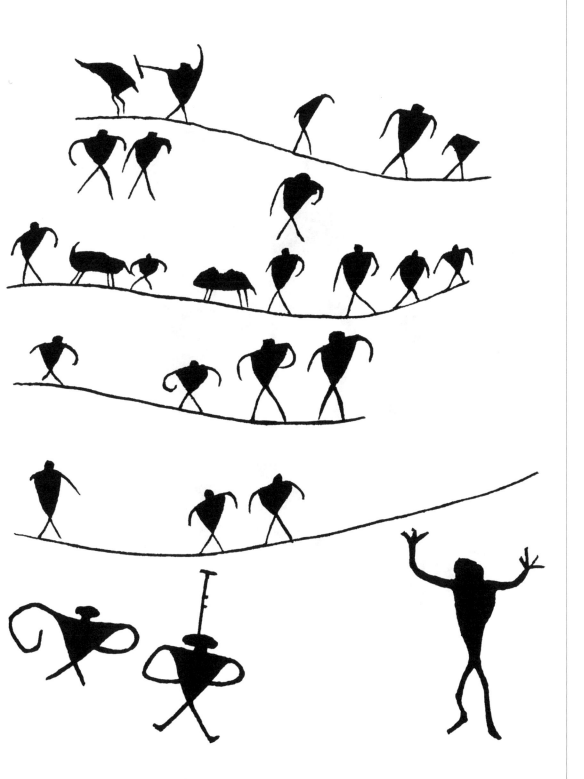

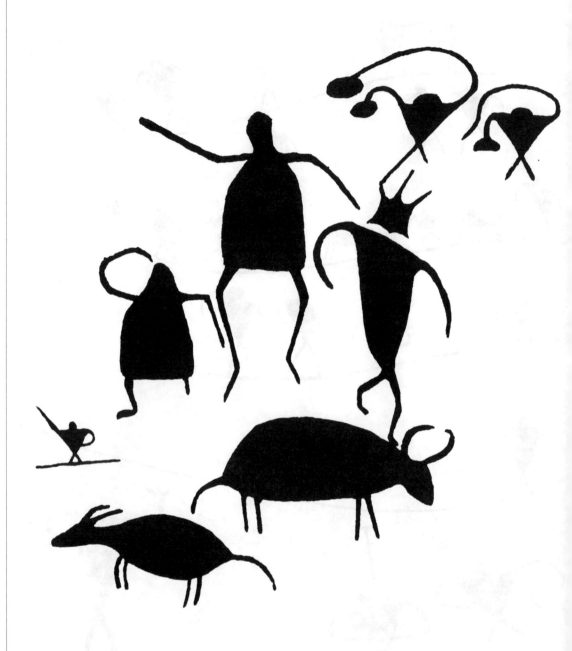

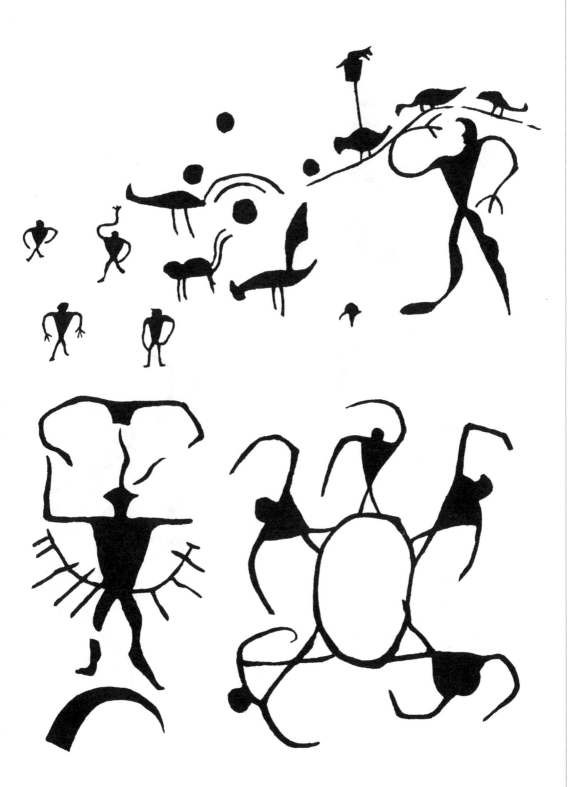

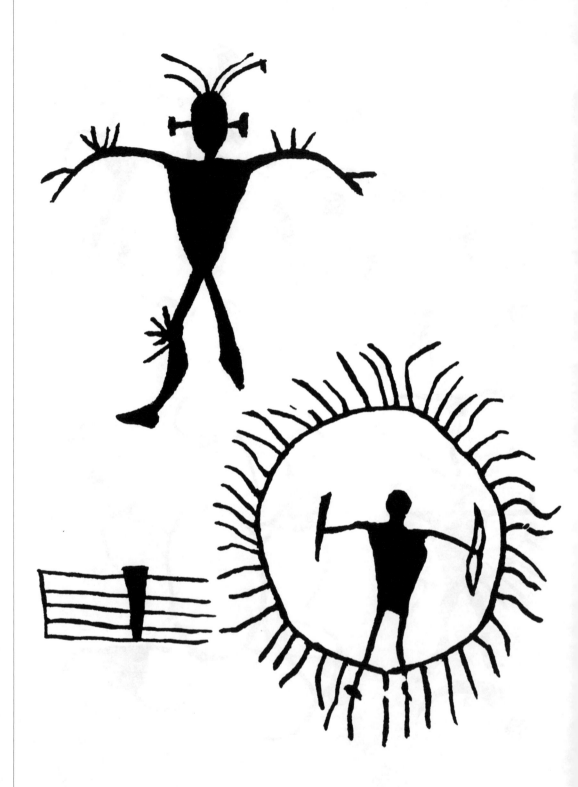

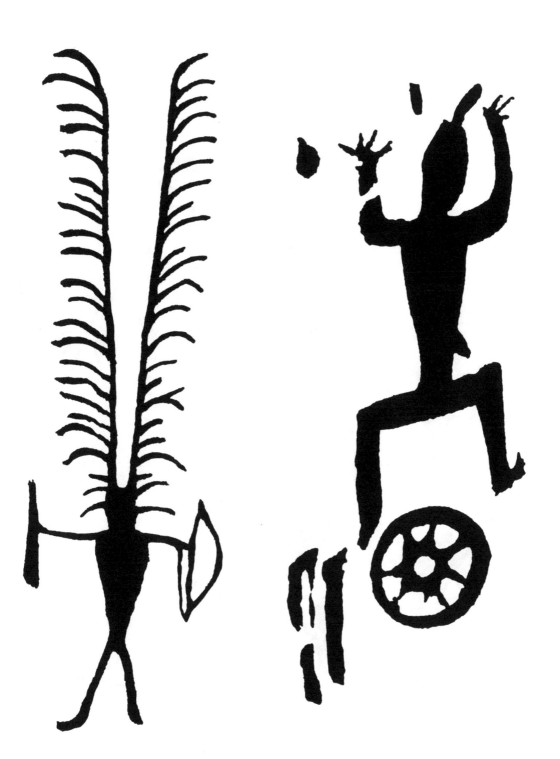

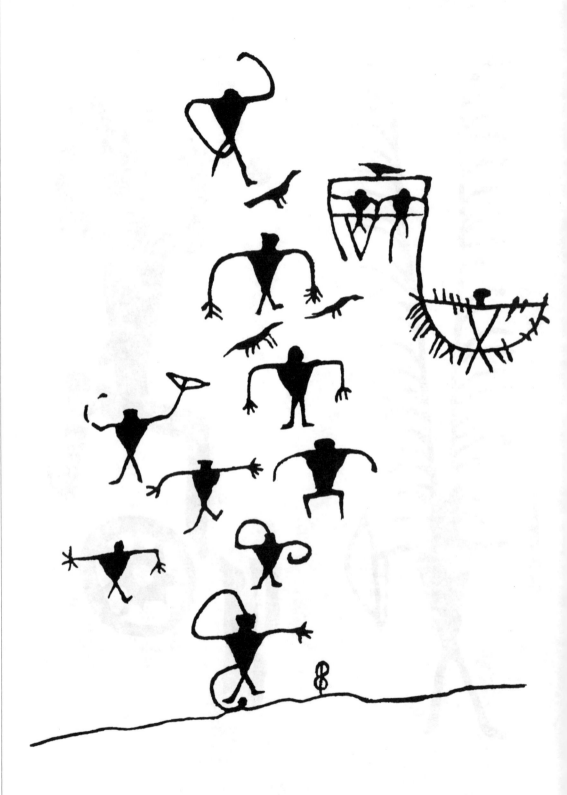

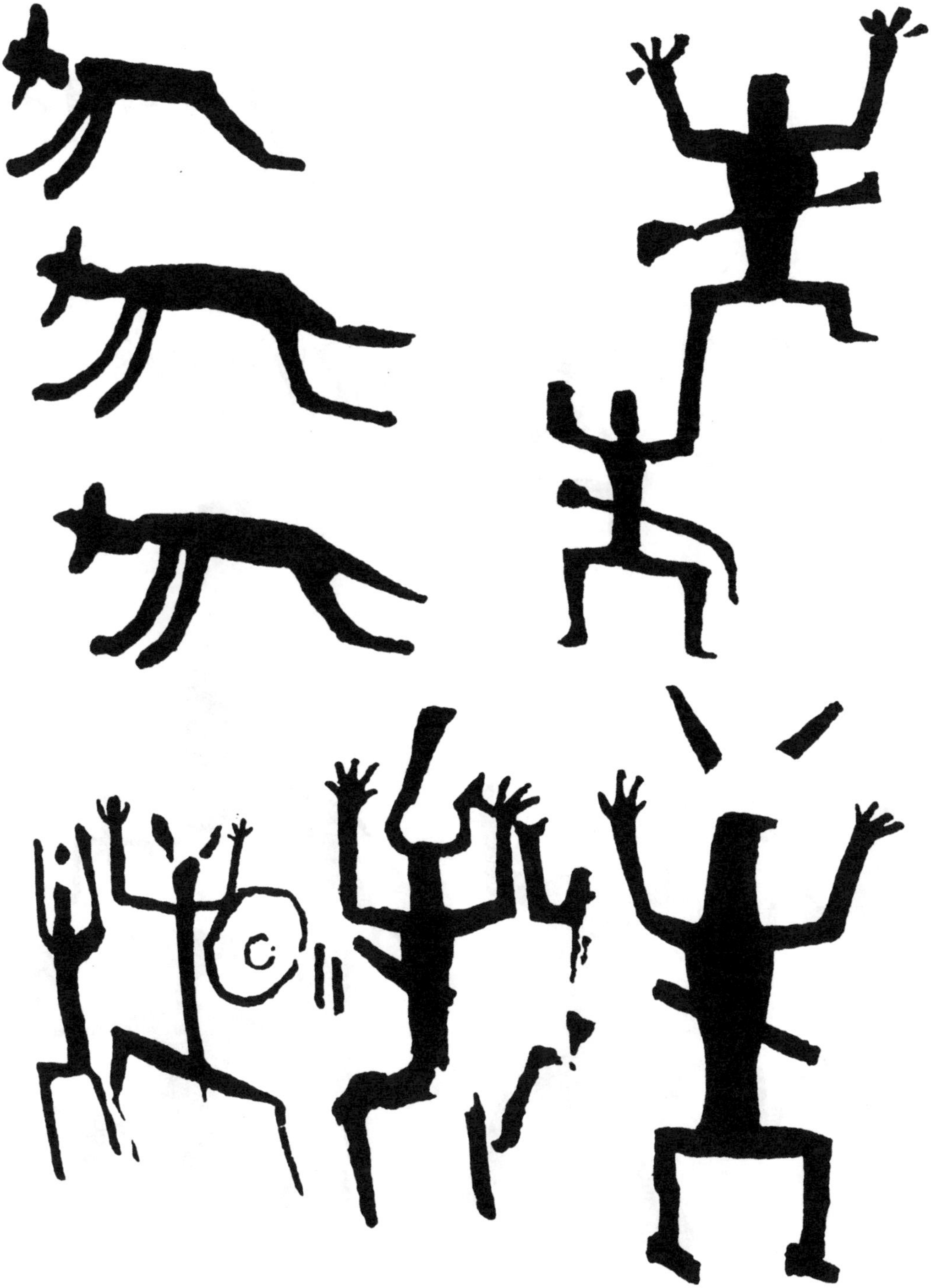

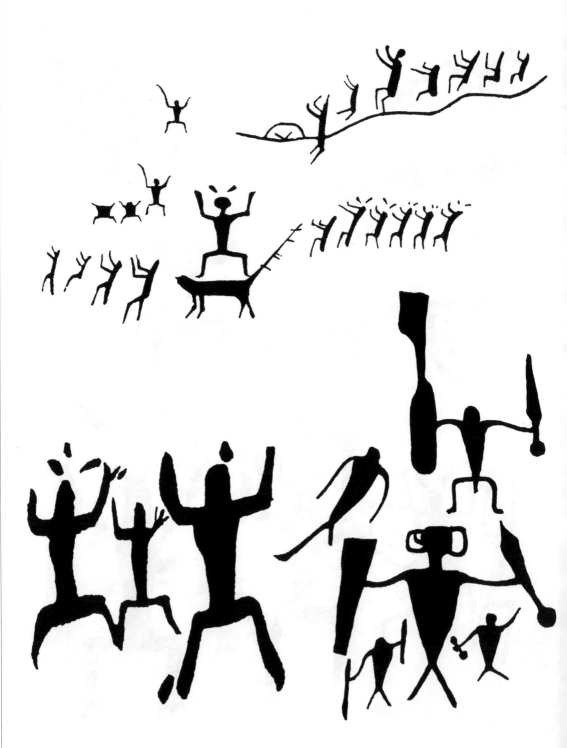

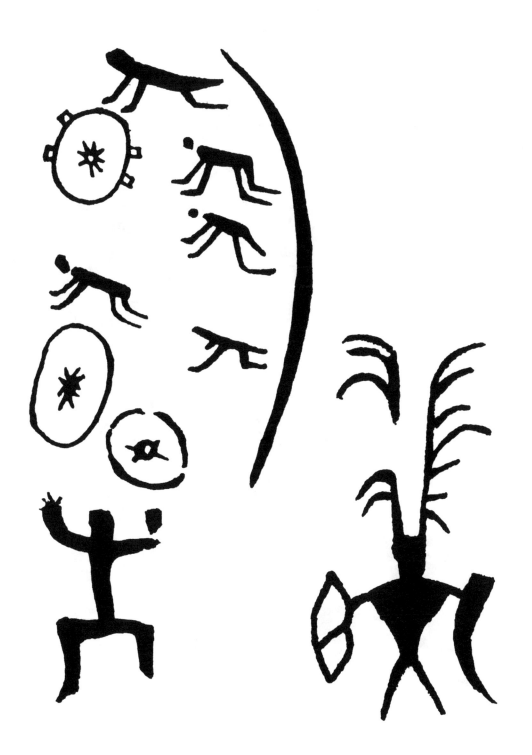

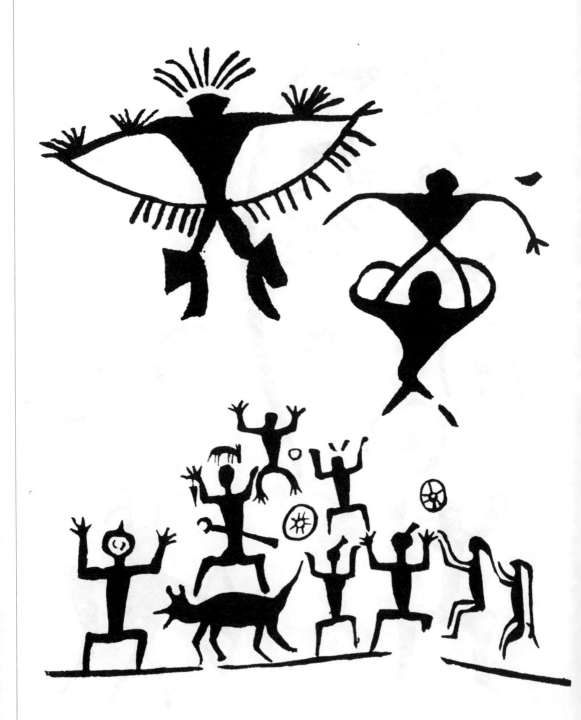

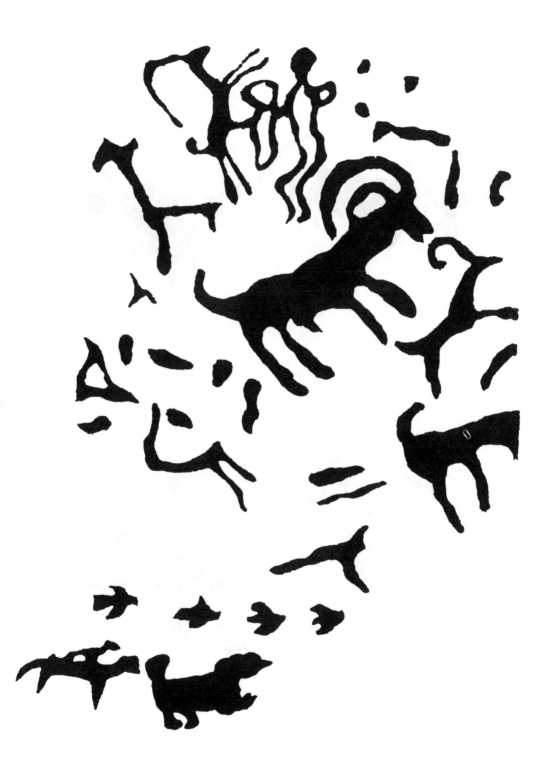

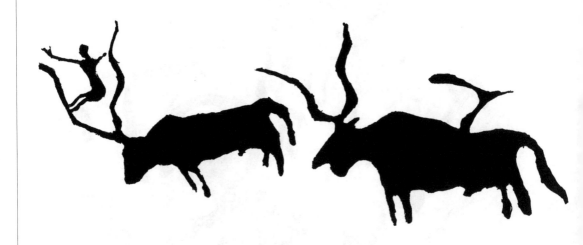

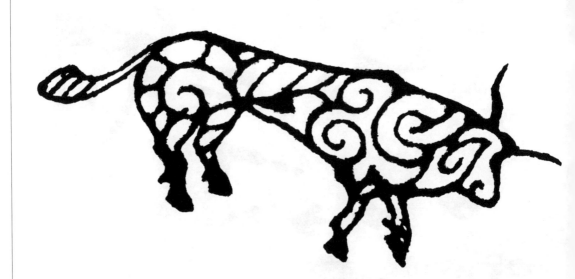

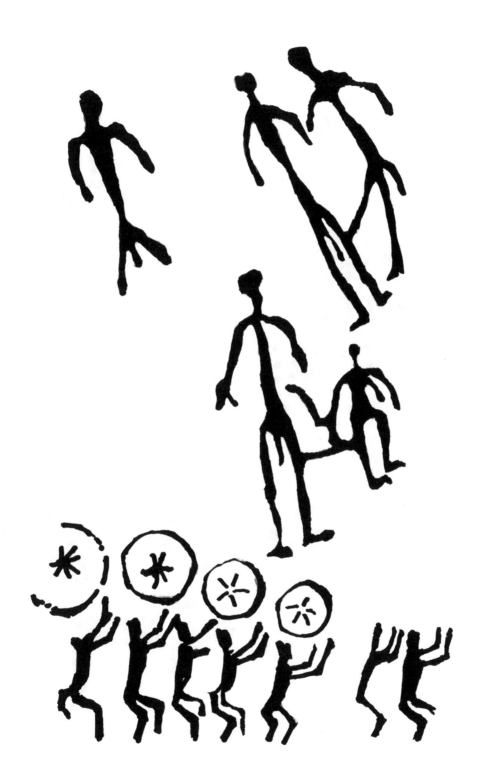

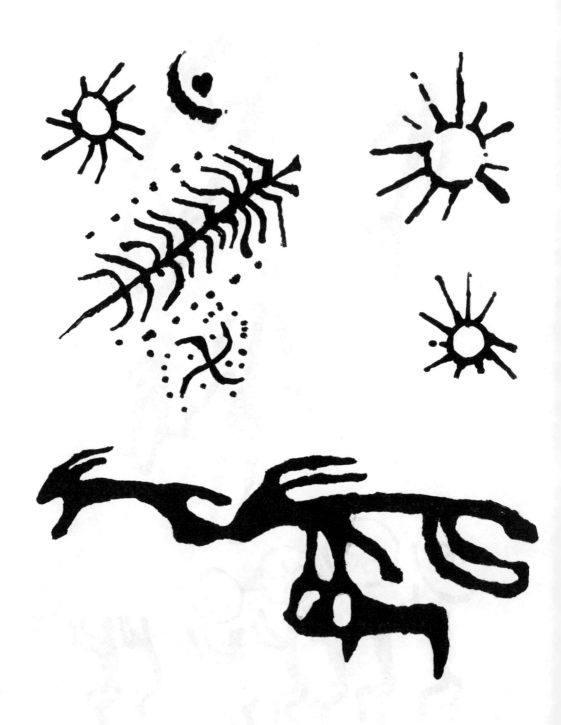

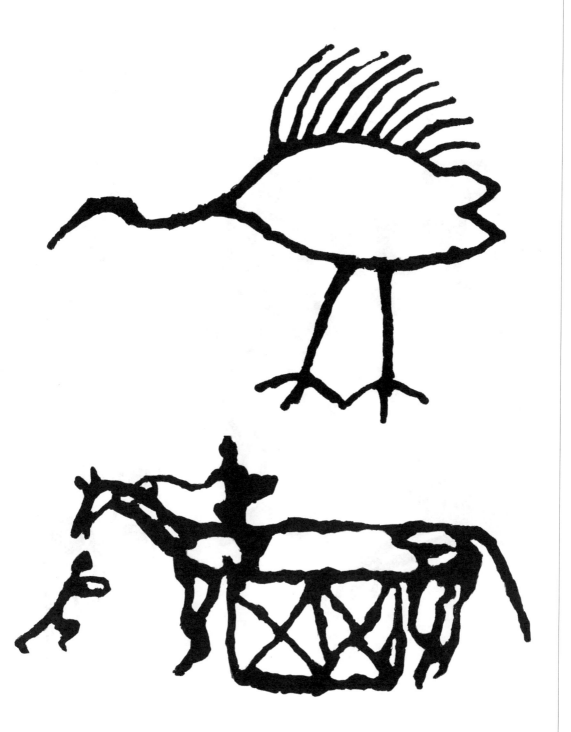

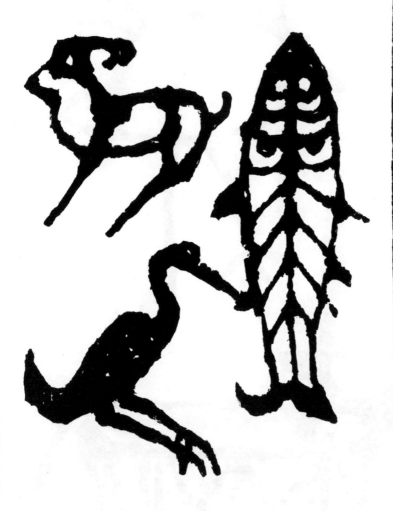
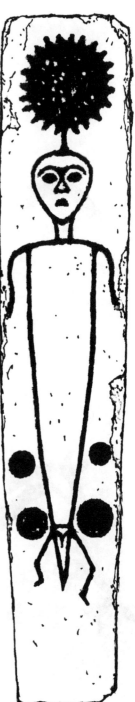

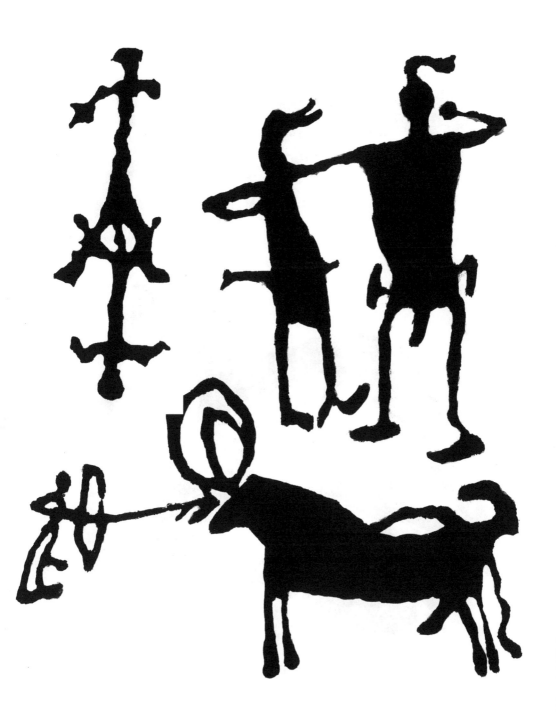

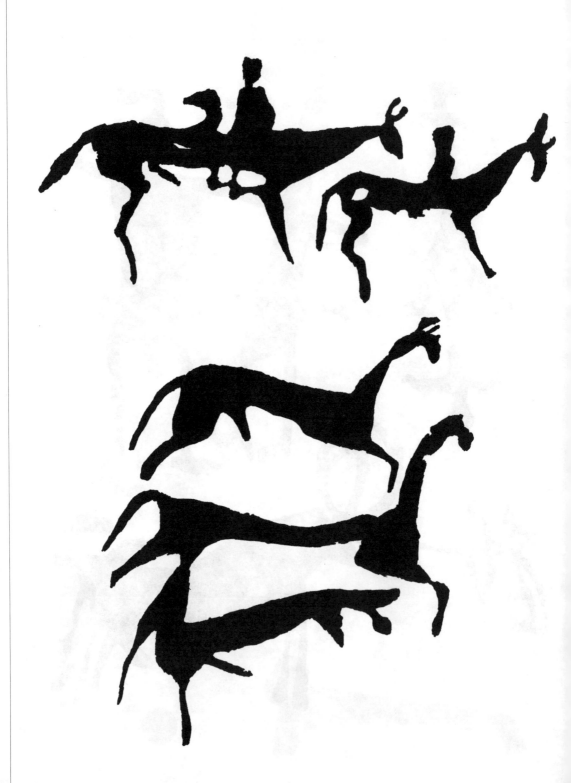

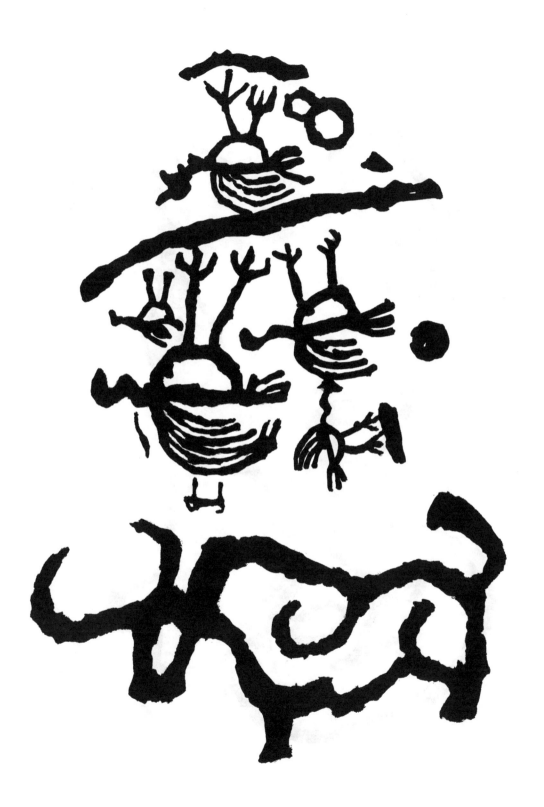

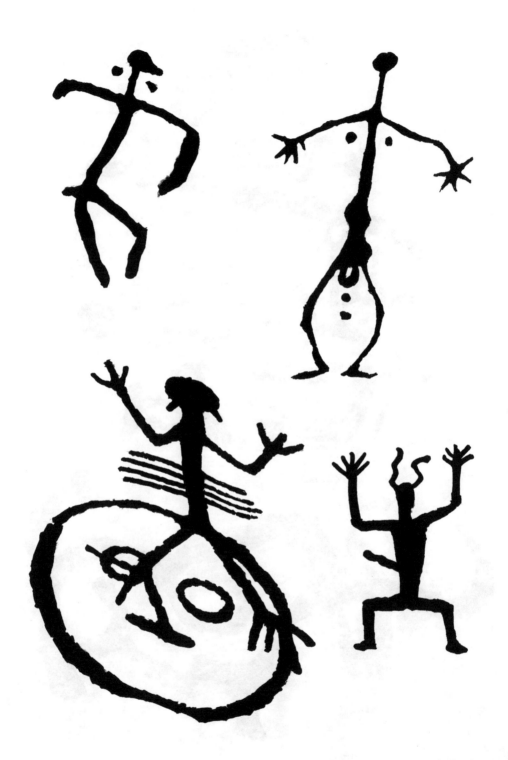

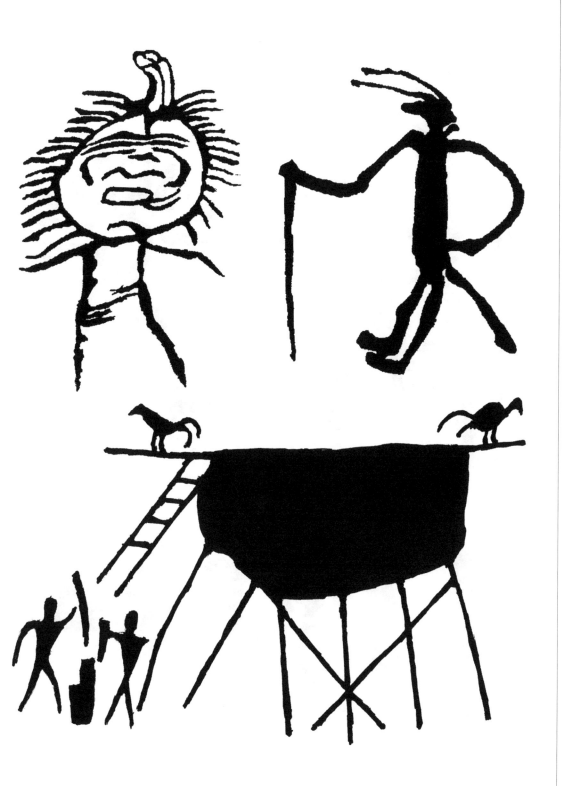

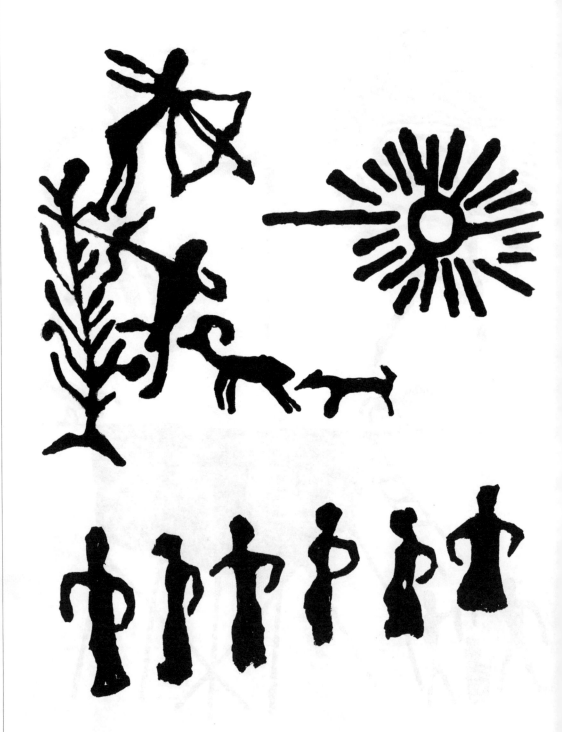

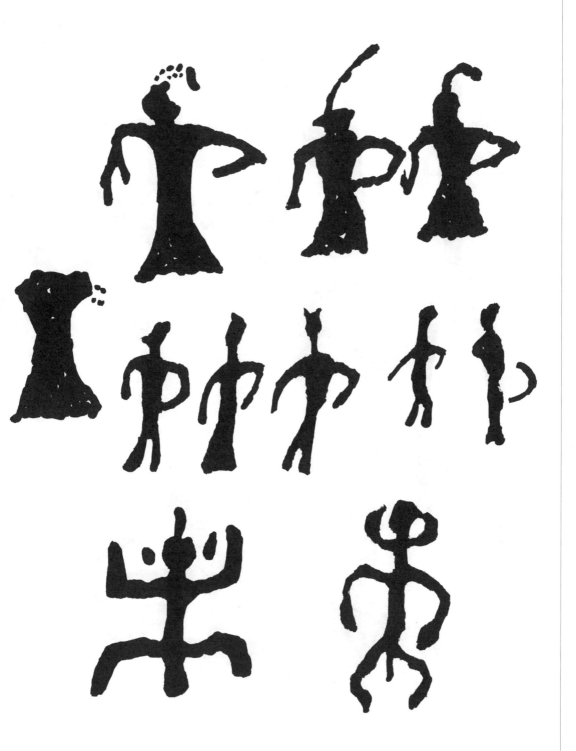

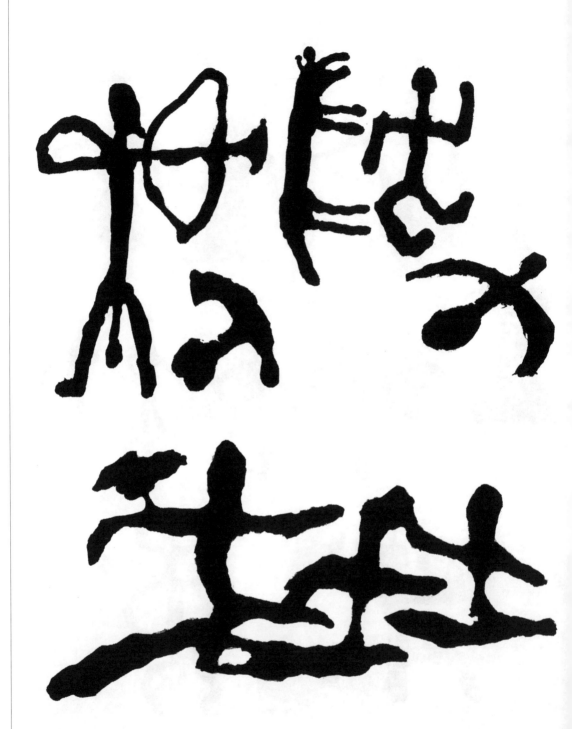

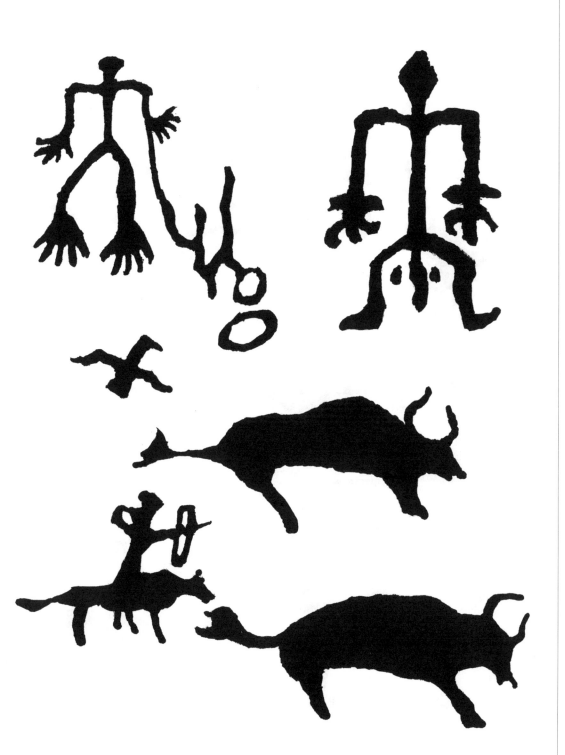

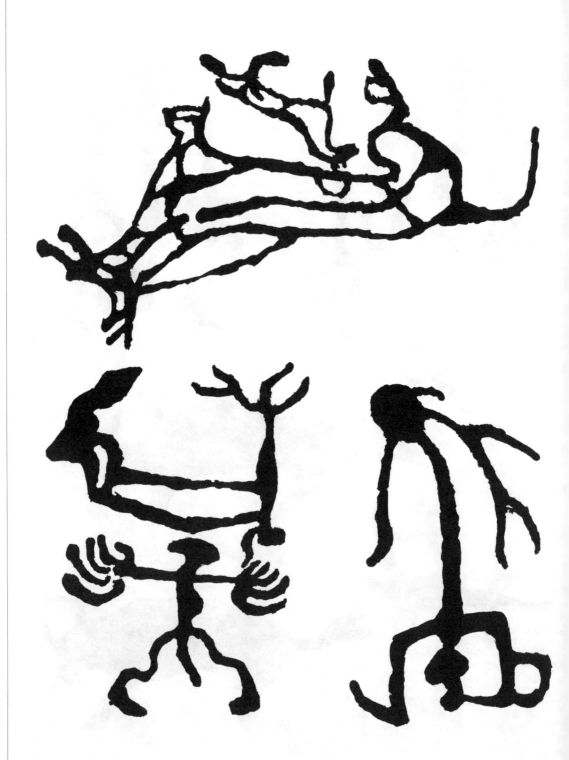

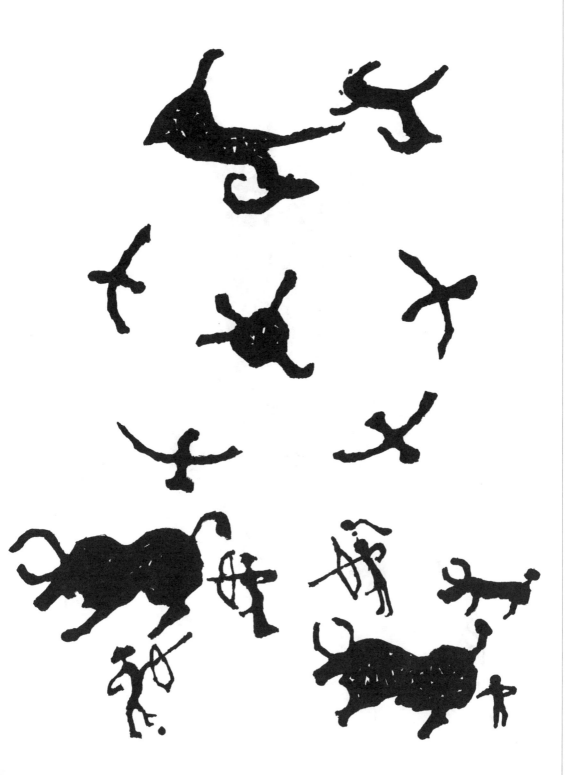

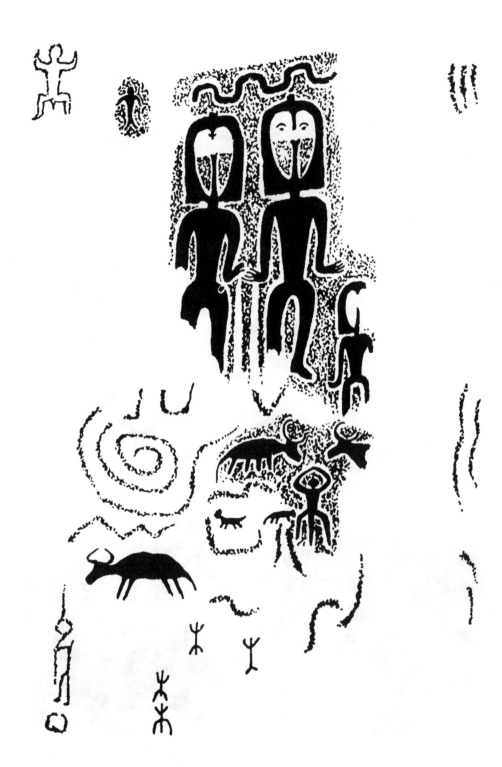

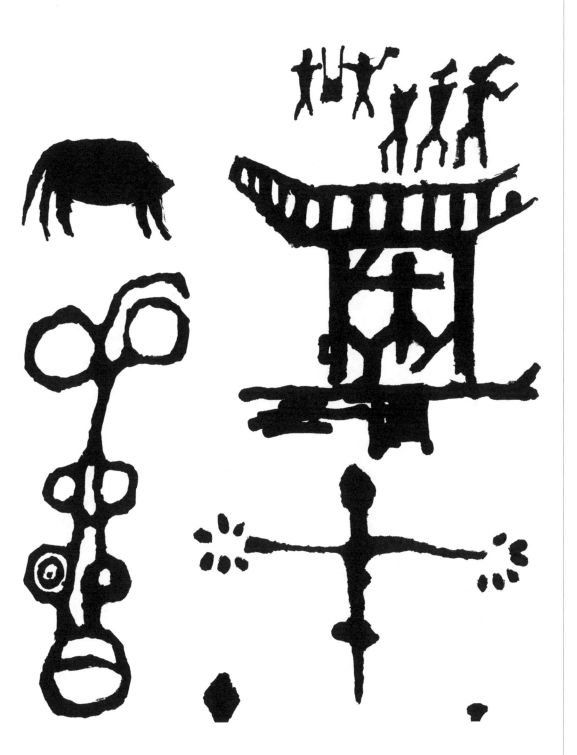

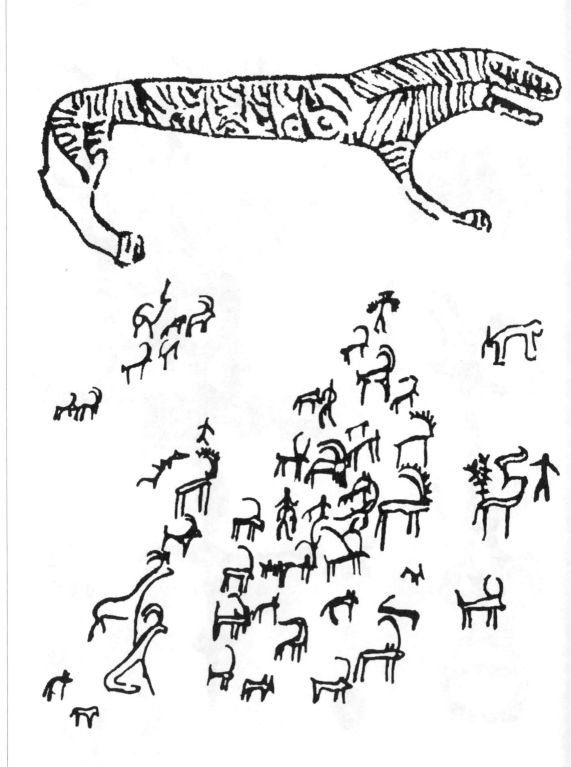

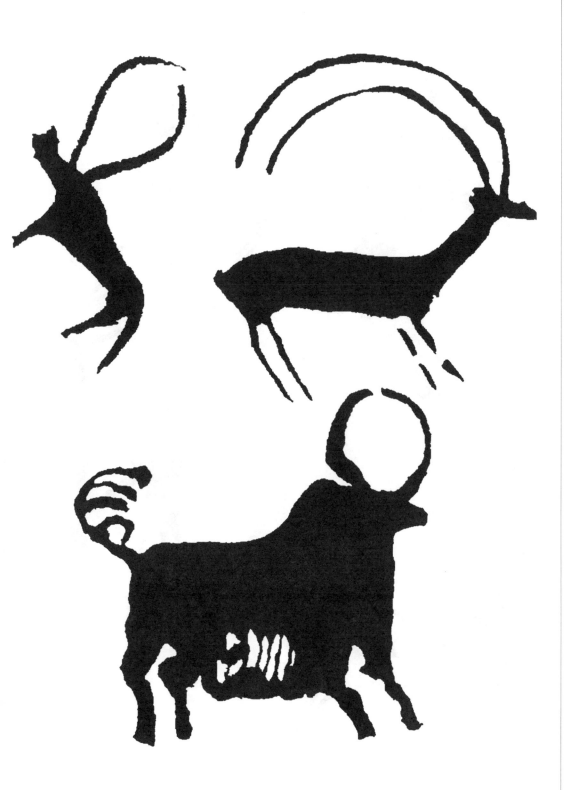

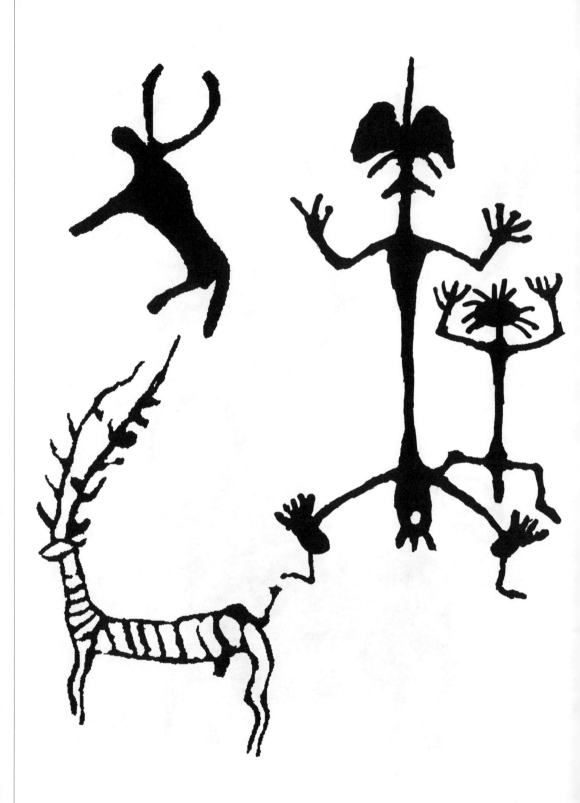

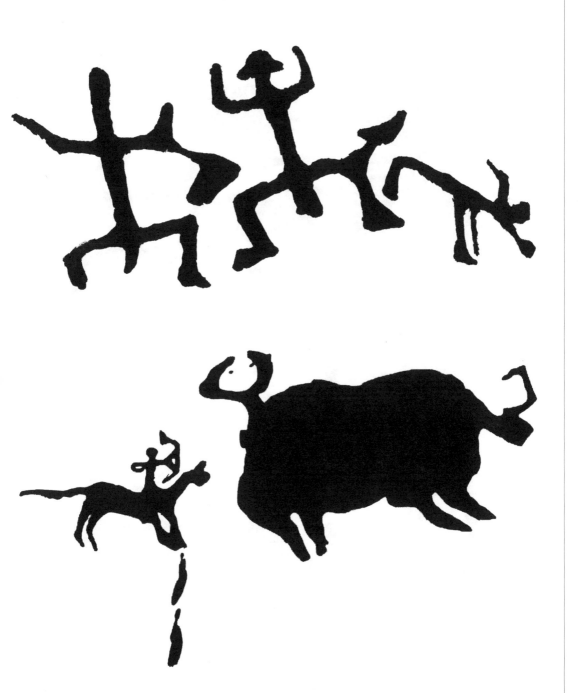

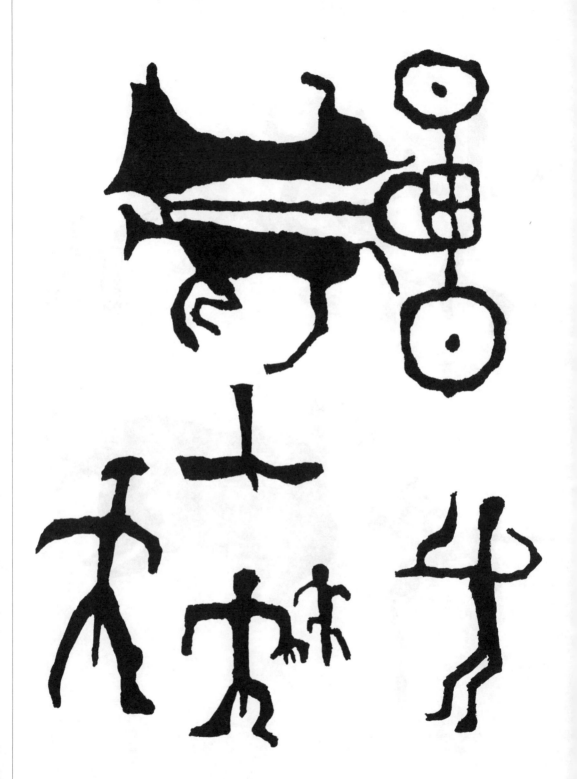

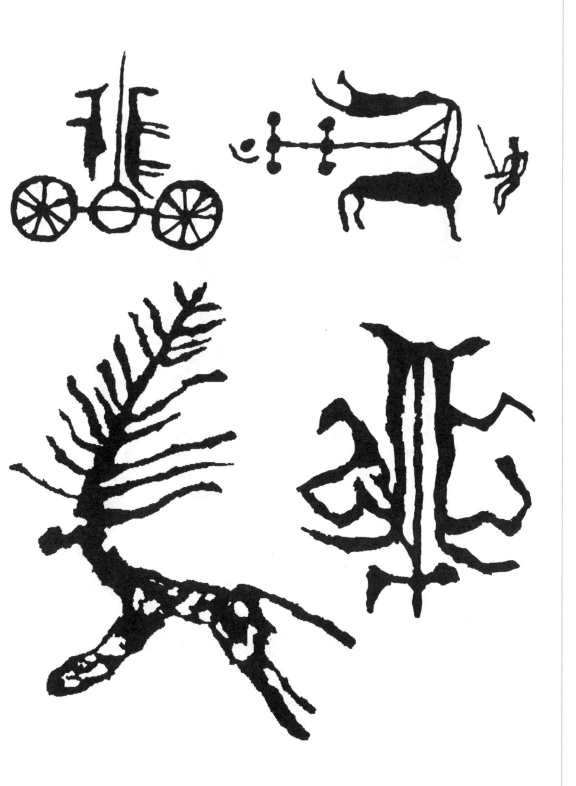

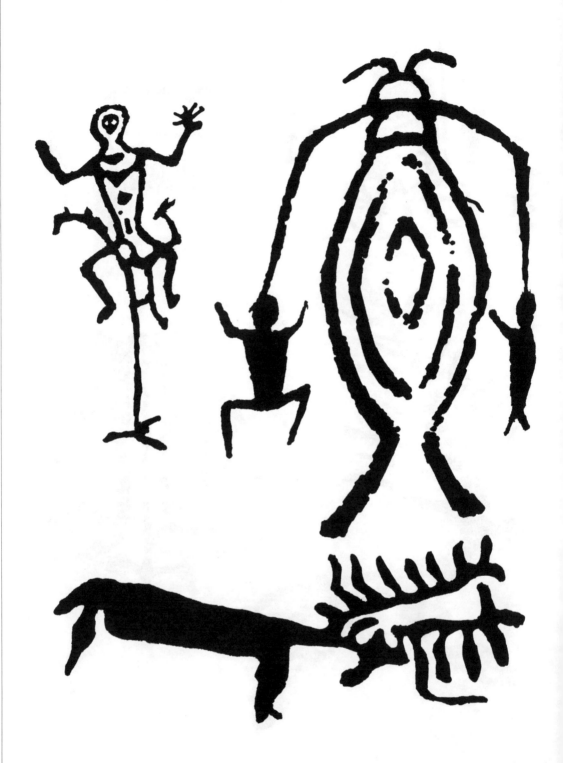

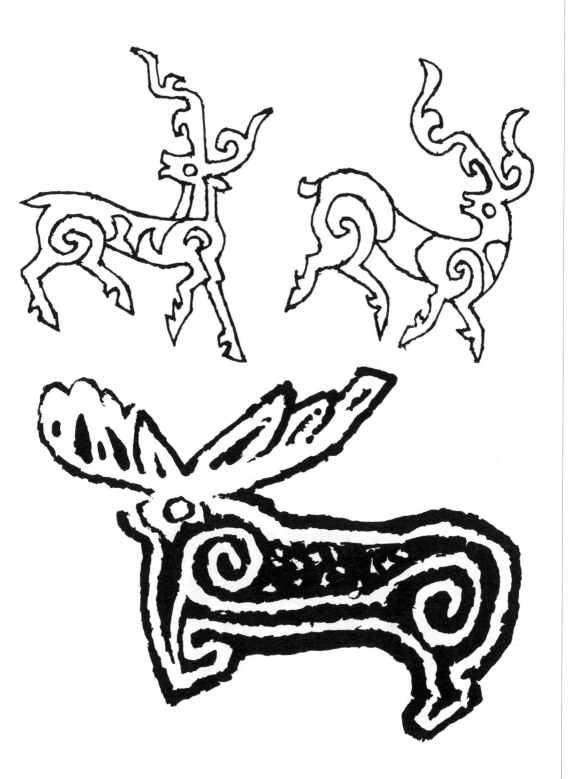

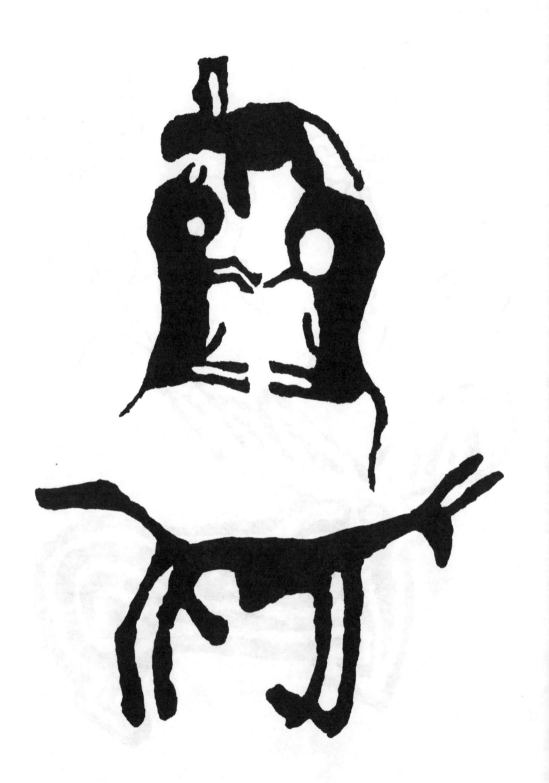

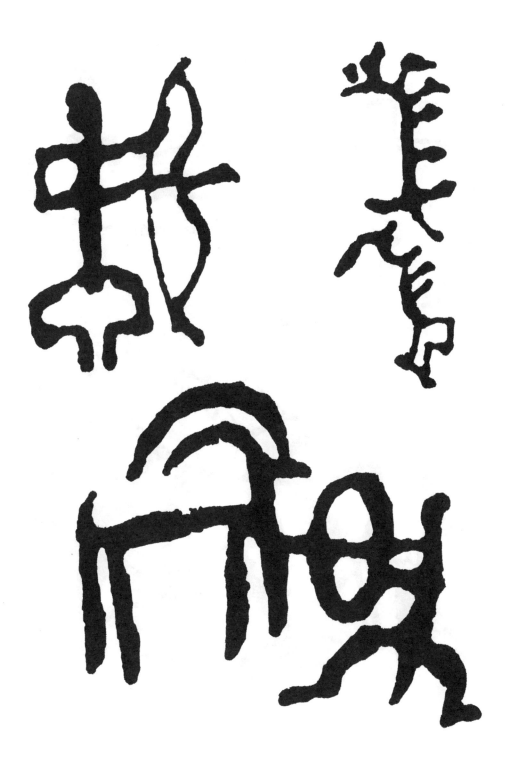

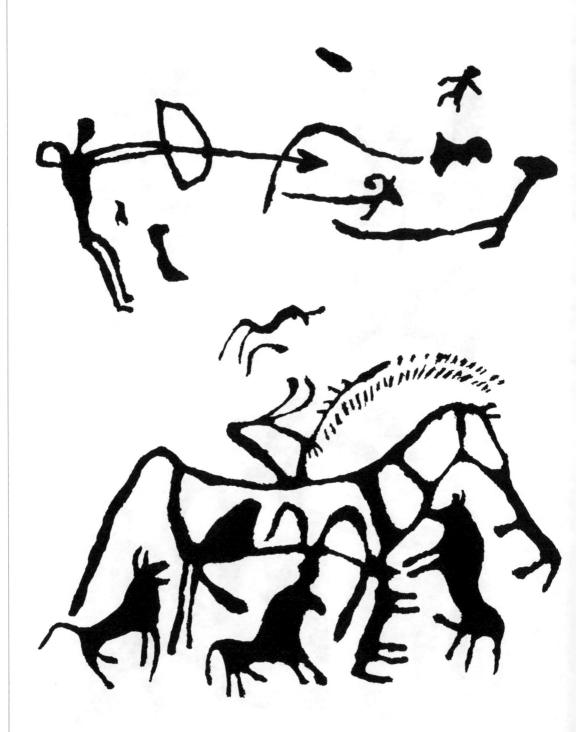

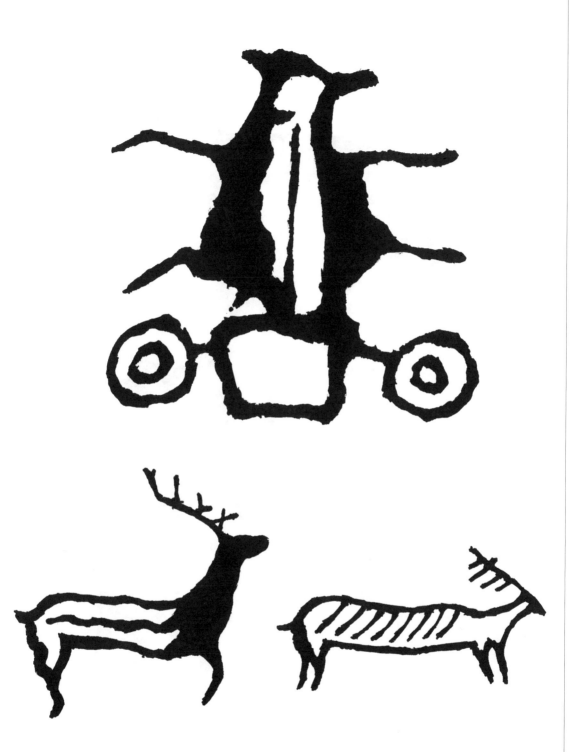

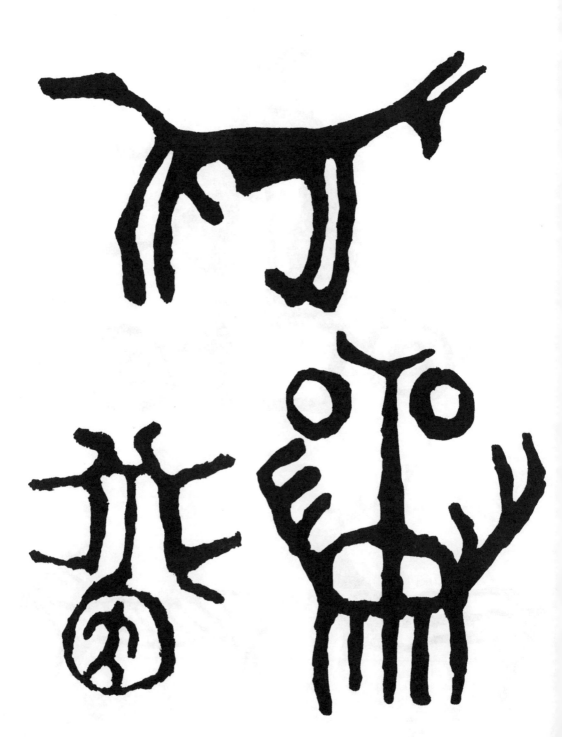

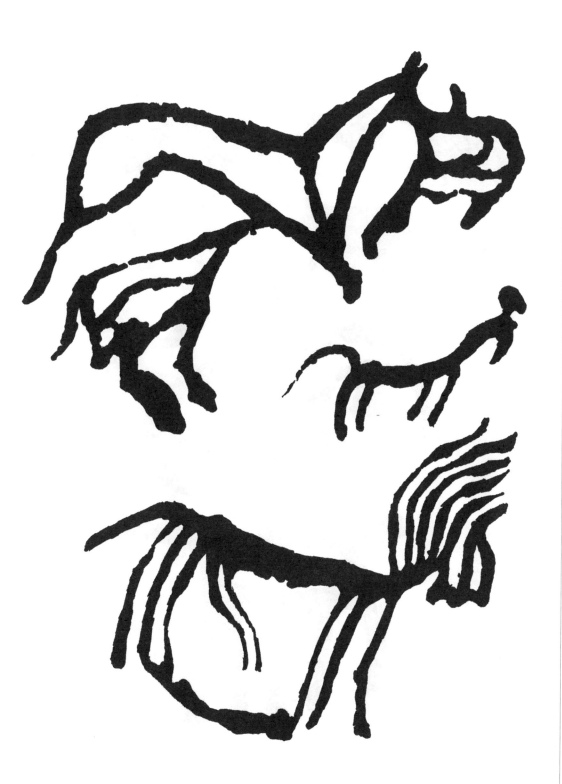

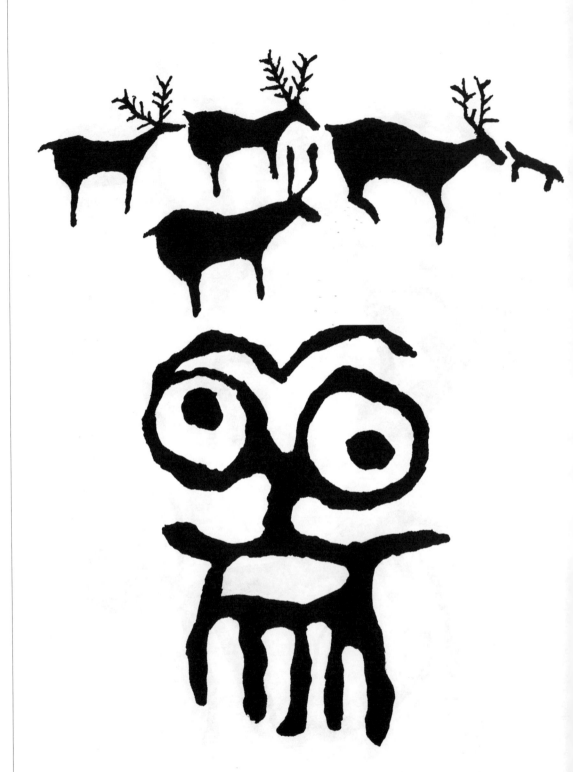

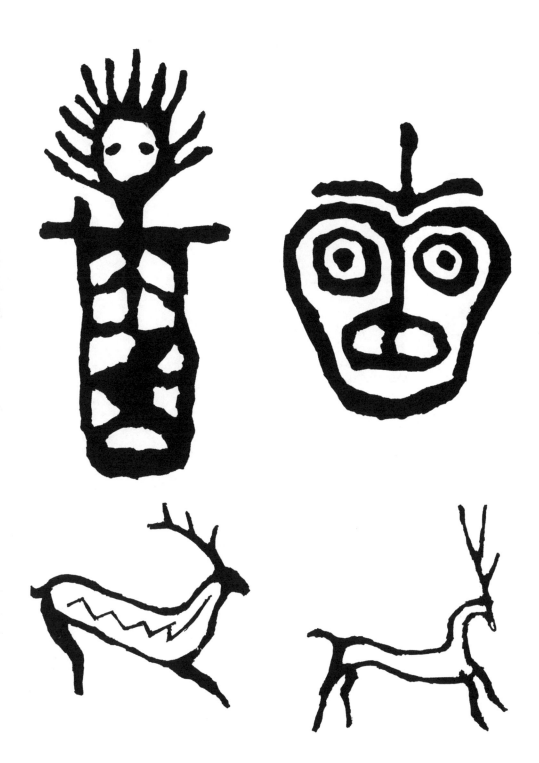

第二部分 彩陶艺术

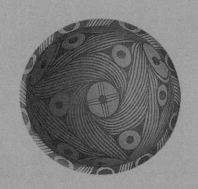

　　当"火"的出现带给史前人类的不再是恐惧而是温暖和光亮时，就代表他们已经可以自如地运用"火"改变着自己也改变着世界。"火"的发现与运用成为史前人类文明进步的坚实基础。他们通过"火"改变泥土原有的化学性质而烧造成"陶"。"陶"的出现，迎来了人类第一次技术与审美的融合。

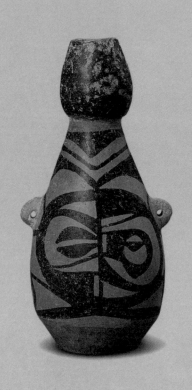

一、陶器的出现与分布

陶器的出现有赖于火的发现与使用。人类发现和使用火的时间很早，距今115—110万年的陕西蓝田人就已经掌握了用火技术。[①]除火的因素之外，日本学者宫本一夫研究发现，中国陶器出现的时间与栽培稻随同野生稻出现的阶段相吻合。因此，他认为陶器的出现与人类的食物从动物类（肉类）为主，转向以植物类（稻、粟）以及鱼类、贝类为主的阶段密切相关，在此阶段出现了作为烹煮用具的陶器。[②]中国陶器出现的时间大约在 1 万年前，即旧石器时代晚期与新石器时代早期的过渡阶段。[③]

在世界范围内，中国属于最早出现陶器的地区。以裴李岗、磁山文化为例，新石器时代前期的陶器种类主要有三种：用于烹煮的罐和釜、用于贮藏食物的壶以及盛放食物的钵。中国南方陶器是以圆底深钵形为技术基础，此形称为釜。釜通常以藤篮等编织物为原型，用黏土等挤压成型制成陶器，或用拍打的方法做成圆底。北方的陶器则以平底深钵形为技术基础，此形称为筒形罐。筒形罐通常以平坦的泥板为底，再用泥圈层层套接成罐形。[④]新石器时代前期主要是素烧陶，基本没有纹样，或是因编织物胎体的凹凸不平形成了横向、斜向线条痕迹。彩陶的出现大约在新石器时代的中期，中国黄河、长江两大流域均有发现。新石器时代晚期是彩陶发展的鼎盛时期。

彩陶主要分布于长江、黄河两大流域。黄河流域以河南渑池县仰韶村遗址——仰韶文化为代表，主要分布于黄河中游地区的陕西、河南、山西等

---

①王巍总主编《中国考古学大辞典》，上海辞书出版社，2014 年，第 118 页。

②［日］宫本一夫：《讲谈社·中国的历史 01——从神话到历史：神话时代夏王朝》，广西师范大学出版社，2014 年，第 76、86 页。

③湖南道县玉蟾岩遗址，陶片复原的釜形器为中国已知最早的陶制品之一，距今约 1 万年。同时，在其他遗址中还发现有距今 12500 年的陶圜底釜残片。王巍：《中国考古学大辞典》，上海辞书出版社，2014 年，第 141 页。

④［日］宫本一夫：《讲谈社·中国的历史 01——从神话到历史：神话时代夏王朝》，广西师范大学出版社，2014 年，第 100 页。

省，在甘肃、湖北、河北及内蒙古等邻近中原的边缘地区也有分布。大体分为早中晚三期，分别以半坡类型、庙底沟类型和西王村类型为代表。

半坡类型，以陕西西安半坡村遗址得名。器型：直口弧壁圆底或平底钵、卷唇斜弧腹或折腹圜底盆、平唇浅腹平底盆、直口尖底瓶、蒜头细颈壶、侈口鼓腹平底罐、小口细颈大腹壶、短唇敛口斜直腹或鼓腹小平底瓮。纹样：鱼、鹿（或羊）、蛙等动物纹，人面纹，少量植物枝叶纹，以及由直线、横条、三角、圆点、波折等组成的几何纹样。色彩：红底黑彩为主，少数为红彩。

庙底沟类型，以河南三门峡市庙底沟遗址得名。器型：双唇口尖底瓶、曲腹盆、曲腹碗、绳纹罐。纹样：蛙纹、鱼纹、花瓣纹、回旋勾连纹、网格纹、三角纹、垂弧纹、横叉形纹。色彩：红底黑彩为主，有少量白衣彩陶。

西王村类型，以山西芮城县西王村遗址得名。属于庙底沟类型晚期发展起来的一支地方文化。器型：喇叭口直身尖底瓶、附加堆纹鼓腹罐、箍状堆纹筒形瓮、宽沿折腹盆、曲腹钵、长颈束腰尖底瓶、深腹平底罐、筒形瓮。纹样：绳纹、篮纹、附加堆纹。色彩：红彩、白彩。

另外，黄河上游和下游区域也各有一支较有代表性的彩陶分支：黄河上游的甘肃临洮马家窑遗址——马家窑文化，属于仰韶文化晚期的一个地方分支文化；黄河下游的山东泰安市大汶口遗址——大汶口文化，属于大汶口类型。

马家窑文化分为马家窑类型以及半山类型和马厂类型。马家窑类型，以甘肃临洮马家窑遗址得名。器型：钵、瓮、盆、罐。纹样：曲线波浪纹、漩涡纹、蛙纹、变体鸟纹。色彩：多为橙黄底黑彩。

半山类型和马厂类型均属于马家窑文化晚期类型之一。半山类型、马厂类型两处的彩陶发展与变化，较之马家窑类型有较大的区别。因此，有学者提出可将二者称为半山－马厂文化。半山类型、马厂类型以甘肃广河县半山遗址和青海民和回族土族自治县马厂塬遗址得名。器型：罐、瓮、壶等，器形普遍瘦高，底小，上腹大，重心上移。纹样：三角锯齿纹、粗硬漩涡纹、蛙纹、人蛙变形纹、抽象纹。色彩：黑红、黑紫、黑红紫多色，纹样多绘于器物肩腹部。

大汶口类型，以山东泰安市大汶口遗址得名。器型：鼎、豆、鬶、觚形杯、长颈壶、高柄杯。纹样：镂孔、弦纹、刻划纹、附加堆纹、乳丁纹以及陶文（文字化符号）。色彩：红彩为主。

长江流域以长江中游地区的大溪文化、屈家岭文化为代表。大溪文化，以重庆巫山县大溪遗址得名。分布于长江中游多个省市，西起重庆东部的峡江地区，东抵湖北中部，北到汉水中游，南至湖南洞庭湖区域。中心区在湖北、湖南的长江沿岸和主要支流沿岸一带。典型器型：圈足器、平底器。纹样：漩涡纹、花瓣纹。色彩：红底黑彩。

屈家岭文化，以湖北京山县屈家岭遗址得名。分布于湖北、湖南、河南南部。典型器型：鼎、双腹豆、高圈足杯、深腹缸（尊）。纹样：直线、弧线、方格、圆点、半圆构成的几何纹。色彩：红底黑彩，亦有朱绘黑陶。[1]

在世界范围内，中国陶器出现最早且分布广泛，中国考古学界以陶器样式划定的中国新石器时代文化类型有六个区域：黄河中游地区、渭河流域、山东地区、长江中游地区、长江下游地区、鄱阳湖至珠江三角洲及长城地带（长城地带含黄河上游的甘肃、青海）。[2]如此广泛分布的中国新石器时代陶器文化类型，最终孕育出了黄河和长江两大流域的彩陶文化，达到了中国乃至世界新石器时代人类艺术创造的顶峰。

二、彩陶的器形与纹样

彩陶的器形以罐、壶和盆为主，还有钵、瓮（缸）等形制。罐又分为鼓腹罐、平腹罐，圆底罐、平底罐。壶与罐的体形、样貌大抵近似，略有差别。罐形器器口较大（图1），壶形器器口较小（图2）。壶形器都有颈部，或长或短；而罐形器或有或无颈部，并不一定。罐形器和瓮形器的器口都较大，主要区别在体形的大小，大的称为瓮（缸）（图3），小的称为罐，瓮（缸）形器没有颈部。盆和钵属于相近似的器形（图4），钵形器相较于盆形器，其沿

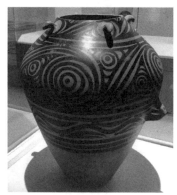

图 1 罐

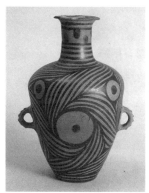

图 2 壶

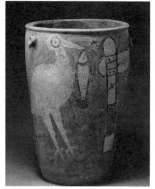

图 3 瓮

---

①王巍总主编《中国考古学大辞典》，上海辞书出版社，2014年，第158—191、211—223、262页。
②［日］宫本一夫：《讲谈社·中国的历史 01——从神话到历史：神话时代夏王朝》，广西师范大学出版社，2014年，第102—103页。

口到底部的钵壁要深于盆壁。另外，钵形器多为圆底，盆形器多为平底。

　　彩陶呈现出多种多样的器形，主要基于实用功能。罐形器主要用于烹煮食物，壶形器和瓮形器是为了贮藏食物，而盆和钵主要是盛放食物。此外，在仰韶文化西王村类型和马家窑文化马家窑类型均发现一种尖底瓶（图5），疑为汲水器。据测试，尖底瓶斜插入水面，注入水后逐渐扶正，水满后完全直立于水面，十分便于汲水，瓶形的尖底设计颇为合理。由此可见，彩陶器形的形成与发展，经历了漫长的实践检验。

　　到新时器时代的末期，彩陶不仅是实用器，亦逐渐成为身份、地位、财富的象征。新石器时代山东大汶口文化前期，发现了仰韶文化庙底沟类型的彩陶盆与钵。大汶口文化作为山东地区原发性的区域文化，与仰韶文化没有丝毫的联系。据此，日本国立历史民俗博物馆的西谷大先生认为，出现这一现象的原因并非人的移动，而是以交易为中心的交流。并提出彩陶是被当作群体内权威的象征。宫本一夫在西谷大的观点上更进一步，他认为彩陶是从黄河中游地区获得的赠与形式，而这种赠与亦是在显示权力，促使社会群体进一步组织化。[①] 正因如此，新石器时代末期的器形明显发生了变化，出

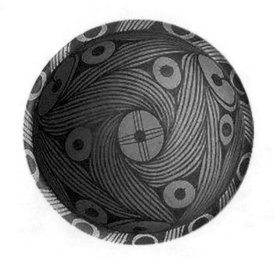

图4　漩涡纹彩陶

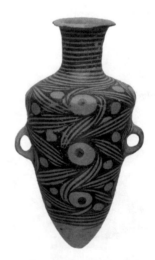

图5　尖底双耳瓶彩陶

---

① ［日］宫本一夫：《讲谈社·中国的历史 01——从神话到历史：神话时代夏王朝》，广西师范大学出版社，2014年，第246—247页。

现了鼎、豆、瓴、鬶等形制，而这些形制在中国青铜时期成为时代的象征器形。

彩陶纹样从题材内容上分为动物纹、植物纹、人物纹和抽象纹。动物纹细分为鱼纹、蛙纹、鸟纹、蜥蜴纹；植物纹细分为花瓣纹、叶纹；人物纹细分为人面纹、人形舞蹈纹；抽象纹细分为水波纹、漩涡纹、曲线纹、几何纹、折线纹、三角锯齿纹以及多种几何形组合纹。客观地说，彩陶纹样的细分和定名是一个浩繁而艰难的工作，有的纹样甚至令专家都无法确定应划归哪一类别，定义什么名称。只能说，彩陶纹样创造者的想象力令人叹服。

彩陶纹样从形式风格上分为具象纹样和抽象纹样。具象纹样都能准确地把握住自然形态的特征。如仰韶文化的鱼纹（图6）、蛙纹（图7）和鸟纹（图8），都有一种栩栩如生、呼之欲出的动感。而花瓣纹（图9）展现出花瓣的丰盈与柔媚，舞蹈纹（图10—11）所反映出的轻歌曼舞之态，则恍若跨越了时空。具象纹样属于早期彩陶上的主要表现形式，造型手法概括、简练、精准。形态塑造采用线条勾勒，块面平涂。色彩以红底黑绘或白色陶衣彩绘。其后，造型更加概括、简练，逐步走向抽象化。

从鱼纹到抽象鱼纹（图12），从鸟纹到抽象鸟纹（图13），这些变化代表了从追求形似走向追求神似的发展过程。这既是造型语言的转换，也是彩陶纹样从块面化走向线条化的过渡。虽然今天我们已经无法完全弄清绘制者为什么要不断地抽离具象的主体形态，去绘制一

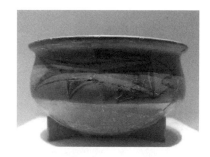

图6 鱼纹彩陶

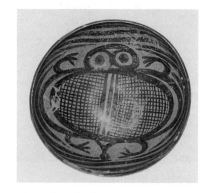

图7 蛙纹彩陶

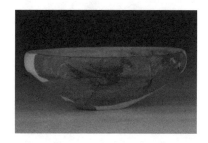

图8 鸟纹彩陶

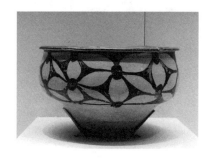

图9 花瓣纹彩陶

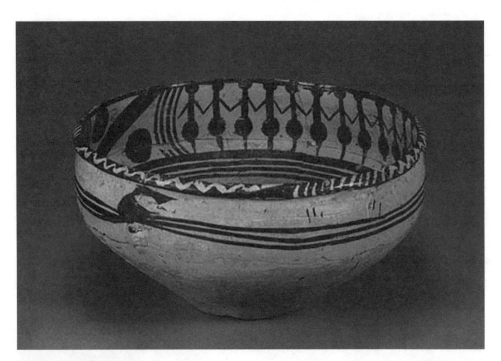

图 10　舞蹈纹彩陶

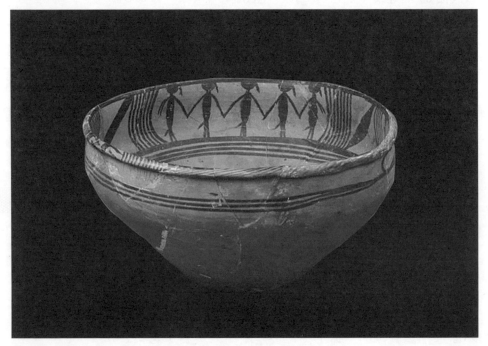

图 11　舞蹈纹彩陶

种与主体形态似是而非的形式，但是，从这些形式上，似乎感受到某种精神感召下的刻意而为。学者普遍认为这是在歌颂一位已故去的首领生前的事迹，这说明纹样是具备表达主观意识和题材内容的视觉形式。同样，人面纹双耳陶瓶（图14）所描绘的面部既非具象又非抽象，拥有是人非人的造型，它不是某个具体真实的物象再现，而是某种力量的表达。因此，不断抽象化的形式，确乎是基于群体观念或个体权力、力量以及意志的表达。

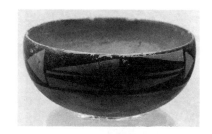

图 12 鱼变波纹彩陶

　　抽象纹样是彩陶中形式最丰富、形态最多变，也是最能拨动心弦的部分。饶有趣味的是，仰韶的抽象曲线纹样，基本脱胎于鸟纹、花瓣纹和鱼纹。虽然抽象，却始终感觉是囿于一个框架下的理智变化而非自由与激情的抒发。但是，马家窑的抽象漩涡纹（图15）所呈现的形式，既是具象的又是抽象的，更是酣畅淋漓的自由抒发。流畅而舒展的水波线让人近乎听到波涛的流响，又似乎在表现宇宙的永恒之美。漩涡纹主要出现在黄河上游的马家窑、马厂，以及长江中游的屈家岭。漩涡纹的出现可能多少受到来自黄河长江滔滔之水的启示。可以说，漩涡纹的绘制者通过对滔滔江河之水的细微观察，将它们内化于心并最终自由抒发成彩陶纹样。自然形态的内化于心，促使纹样的创造具有了人的主观意志与想象。

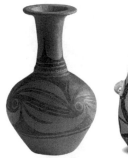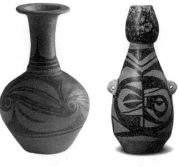

图 13 鸟变彩陶　　图 14 人面纹
　　　　　　　　　双耳陶瓶

　　如果说，抽象的漩涡纹表达了柔和与美好，那么，新石器时代末期的抽象纹样却表现出另一番景象。末期的抽象

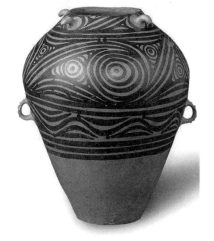

图 15 漩涡纹彩陶

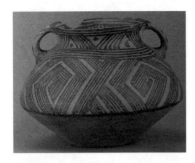

图 16 折线纹彩陶

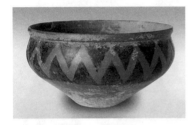

图 17 三角锯齿纹彩陶

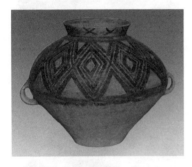

图 18 菱形纹彩陶

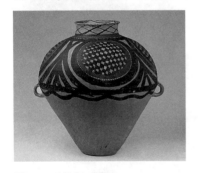

图 19 网格纹彩陶

纹样基本是以硬朗而粗壮的折线装饰器身。其折线纹、三角锯齿纹、菱形纹、网格纹（图16—19）成为主要纹样。即使是在漩涡纹的表现上亦是壮硕有力，已然没有了水的柔顺，有的只是水的汹涌滔天。对于抽象陶器纹样到末期的变化，李泽厚先生给出了一个较为合理的解释。他认为："在陶器纹饰中，前期那种种生态盎然、稚气可掬、婉转曲折、流畅自如的写实的和几何的纹饰逐渐消失。在后期的几何纹饰中，使人清晰地感受到权威统治力量的分外加重。"①

彩陶纹样从具象走向抽象，从柔美走向有力，变化的是纹样的形态，不变的是人的创造，而人的创造又受到时代、社会、技术等多种因素制约。社会的变动必然带来人的改变，以及创造思想的改变，新石器时代末期彩陶纹样的变化就充分地说明了这一点。彩陶作为中国古代装饰中的第一次真正意义上的艺术创造，从一开始它就体现了装饰艺术"人·社会·技术"这一大的框架，其后的中国装饰艺术都是在这一框架下，不断突破技术的束缚，努力适应社会的变迁，积极开拓人的想象，从而促使中国古代装饰艺术在不断繁荣勃发中走向辉煌。

①李泽厚：《美的历程》，生活·读书·新知三联书店，2009年，第31页。

三、从再现到表现——装饰风格的形成

在新石器时代晚期，彩陶艺术就完成了从具象到抽象的转换。从李泽厚先生辑录的有关彩陶纹样从具象到抽象的演化图中，不难发现，抽象纹样是通过对具象形态不断地简化、提炼而成的。高度概括成为点线面以及圆形、方形、三角形、菱形等简洁而明确的几何形态，通过排列、叠加、重复构筑出新的非具象性的形态——抽象纹样。

抽象纹样有别于具象纹样的再现性，明显带有个体对具象事物做出主观判断的表现性。抽象纹样强调去繁就简，将复杂形态进行简化是通过人的主观意识和思维决定的。因此，彩陶的绘制者们显然具备了某种主观意识和思维。李泽厚先生认为："似乎是'纯'形式的几何纹样，对原始人们的感受却远不只是均衡对称的形式快感，而具有复杂的观念、想象的意义在内。"同时，在他眼中抽象的几何纹样，是巫术礼仪中的图腾形象逐渐简化而来的，并且由于简化后的抽象纹样比具象的纹样更多地布满了器身，图腾的含义反而加强了。因此，他认为从写实到抽象是一个由内容到形式的积淀过程。[1]但是，又是一种怎样的主观思维，令绘制者对具象形态采取了简化的手法，是值得我们思考的。

美国学者艾迪斯和埃里克森推测史前时期掌握绘画技能的人，被认为有某种力量而成为精神领袖。[2]那么，彩陶的绘制者是否亦如此？如果说，彩陶的绘制者是群体的精神领袖，那么他通过对图腾崇拜中的具象形态进行不断地简化、提炼，形成一种非具象的、不确定的、神秘的抽象物，借此巩固自己在社会群体的地位，并促使社会群体进一步组织化。毕竟，具象的鱼、鸟、花、蛙等自然物逐步被群体认知和熟悉，其神圣感和神秘感逐步下降。就自身或群体而言，需要创造一种新的与之相似的形象继续维系个体权力和群体组织。因此，产生了对固有的真实形态进行异化处理的手段，例如人面鱼纹盆（图20）中人面的上下左右都添加了鱼的纹样，这显然是在异化人或鱼。而人面纹双耳陶瓶（图14）上的人面纹，同样也是在追求这种异化的处理。或许在不断的异化过程中，他们发现简化、提炼是最有效的异化具

---

①李泽厚：《美的历程》，生活·读书·新知三联书店，2009年，第17—18页。
②［美］艾迪斯、埃里克森：《艺术史与艺术教育》，四川人民出版社，1998年，第23页。

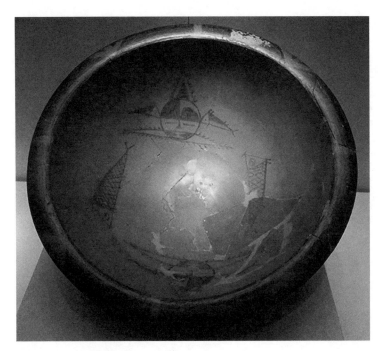

图 20 人面鱼纹盆

象形态的方式。因此，诞生了从具象形态中不断抽离、简化、提炼的抽象纹样，而这亦应该属于"美"作为"有意味的形式"的原始形成过程。

此外，同样是装饰陶器的纹样，古希腊时期的陶器纹样以具象写实的人物为主体，即使是表现神话故事的题材，亦是如此。这不仅是写实风格与装饰风格的差异，也是不同国家、社会的发展在装饰艺术上的直接反映。古希腊时期倡导商业契约，注重现实利益，尊重个体自由（主要指古希腊时期的城市平民），因此，古希腊时期的陶器纹样以反映人的生活和人的存在为主题，这既是对现实生活的歌颂也是对未来的憧憬。即使描绘神话世界，也是将人间社会的美好附加其上，让神话世界充满了人间的味道，也充满着现实利益驱使下的现实主义味道。

反观中国彩陶时代末期，母系氏族社会让位于父系家长制，阶级社会呼之欲出，族群间对外相互征伐，对内剥削，压迫激增。同时，原始的农耕生产需要有组织地进行来保障收获。而频繁的灾害对于农耕的侵害，同样依赖于有组织的应对。因此，需要通过高度的群体组织化来巩固权力、树立权威。诚如李泽厚先生所言："在后期的几何纹饰中，使人清晰地感受到权威统治力量的分外加重。"[1] 因此，新石器时代末期彩陶进一步强化纹样的抽象形式是为了制造权威感，并促使权力在群体中得到进一步的巩固。

据此，抽象的彩陶纹样是社会阶层化的进程中针对群体管理与控制所产生的一种视觉形式。从彩陶的抽象纹样到战国末期宴乐铜壶的具象纹样，跨越了几千年。而此时，先秦理性精神开始萌发，关注现实生活成为纹样的新主题。到汉代，纹样对现实生活的歌颂，甚至在表现往生世界的主题中都充满了人间欢乐。虽然抽象的彩陶纹样诞生于一个需要借助神秘的视觉形态，不断强化主体观念和强化群体组织的时代，但也因此激发出高度概括、简练的手法，催生出抽象装饰的新形式，而"装饰"终将成为中国古代艺术的一种重要表现形式。

---

①李泽厚：《美的历程》，生活·读书·新知三联书店，2009 年，第 31 页。

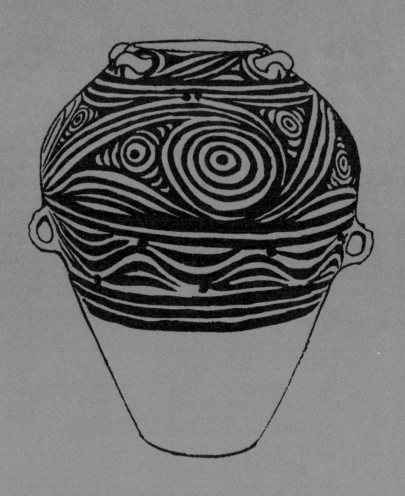

彩陶艺术装饰图样

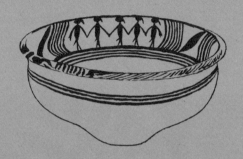

　　中国史前彩陶集中出现于黄河流域和长江流域，在全国各地也均有发现，器形庞杂，纹样丰富。这里辑录的彩陶艺术装饰图样，来源于黄河流域和长江流域两个文化大系。黄河流域主要文化类型：河南渑池县的仰韶文化、甘肃临洮的马家窑文化、山东宁阳的大汶口文化、山东章丘的龙山文化。长江流域主要文化类型：浙江余姚县的河姆渡文化、重庆巫山县的大溪文化、湖北京山县的屈家岭文化、浙江杭州的良渚文化。

　　图样的内容包括器物造型和器身纹样。彩陶器的造型有罐、壶、盆以及钵和瓮（缸）。罐形器口较大，壶形器口较小，并有或长或短的颈部。瓮形器与罐形器相同，大者为瓮（缸），小者为罐。盆和钵相似。器身纹样分为具象和抽象两种。具象纹样以人面纹、人形舞蹈纹、鱼纹、蛙纹、鸟纹、花瓣纹以及叶纹为主。抽象纹样以水波纹、漩涡纹、曲线纹、几何纹、折线纹、三角锯齿纹以及多种几何形组合纹为主。纹样基本采用黑色线条勾勒，辅以色块平涂的形式，绘制在红色或黄色陶器上。

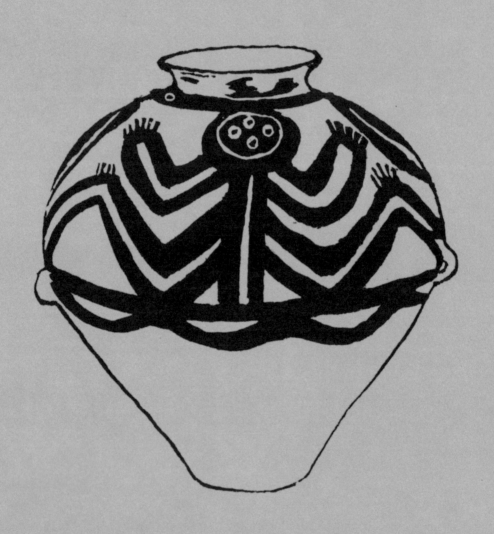

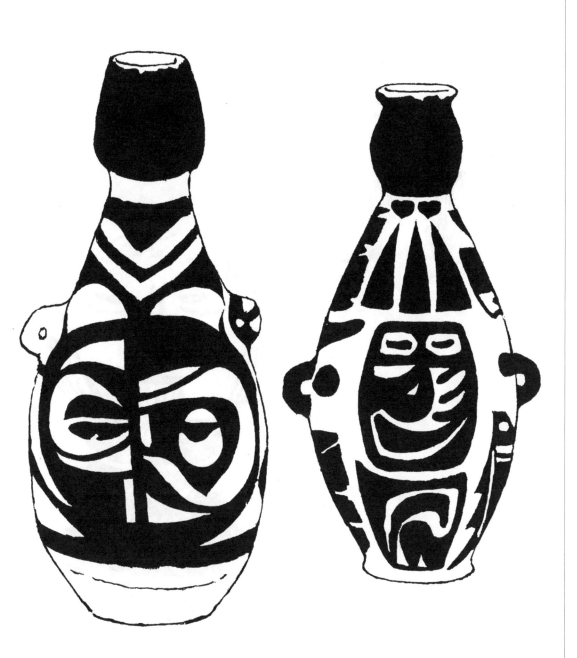

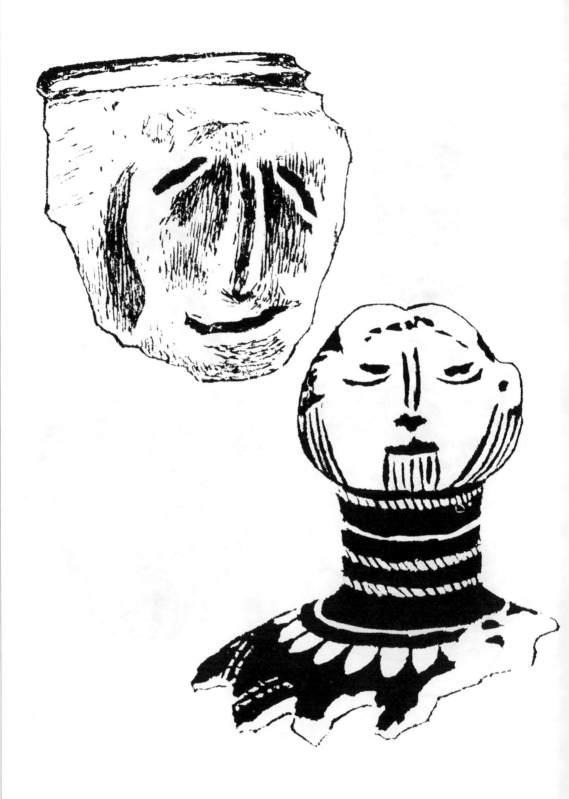

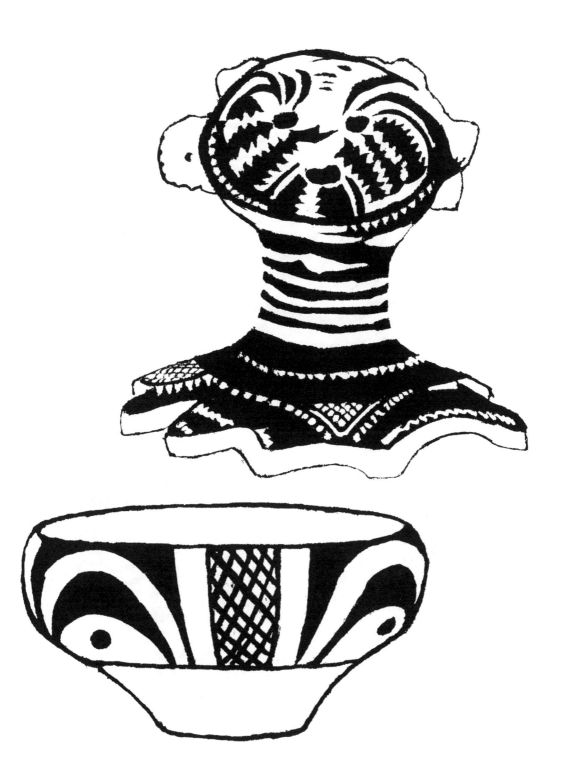

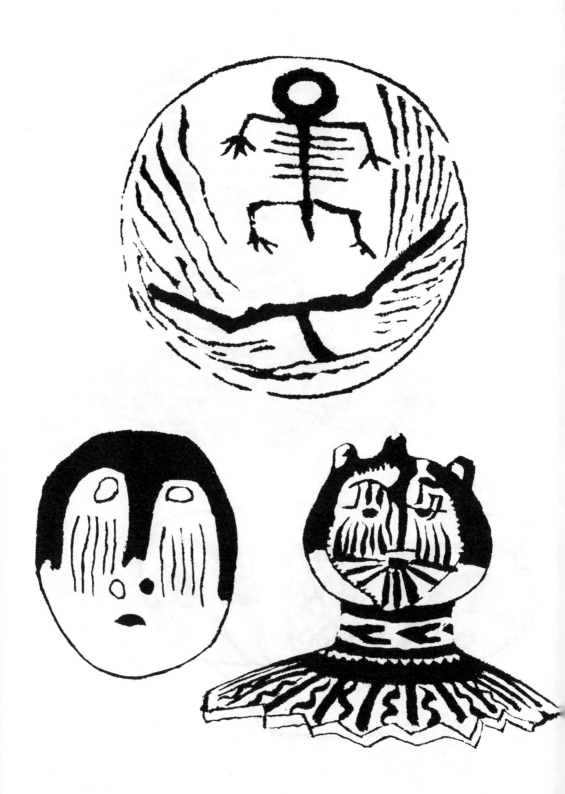

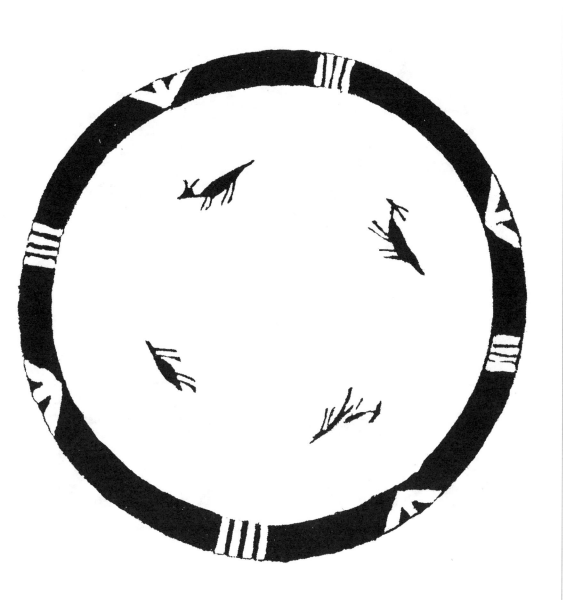

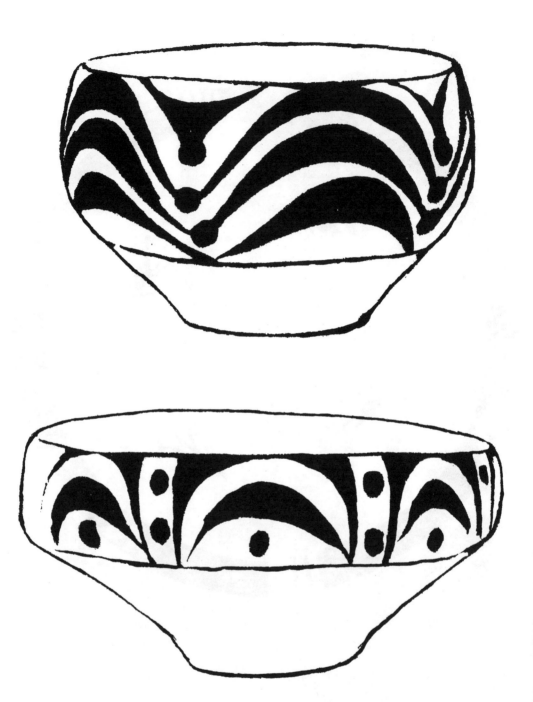

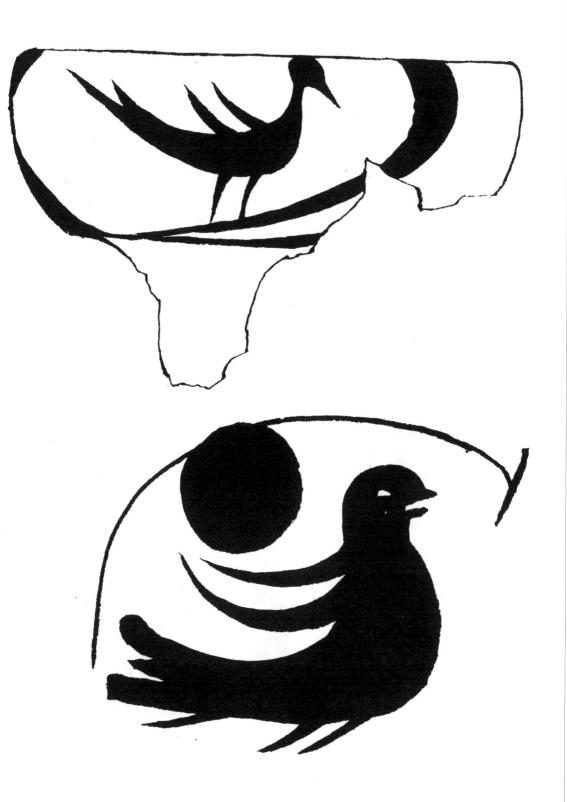

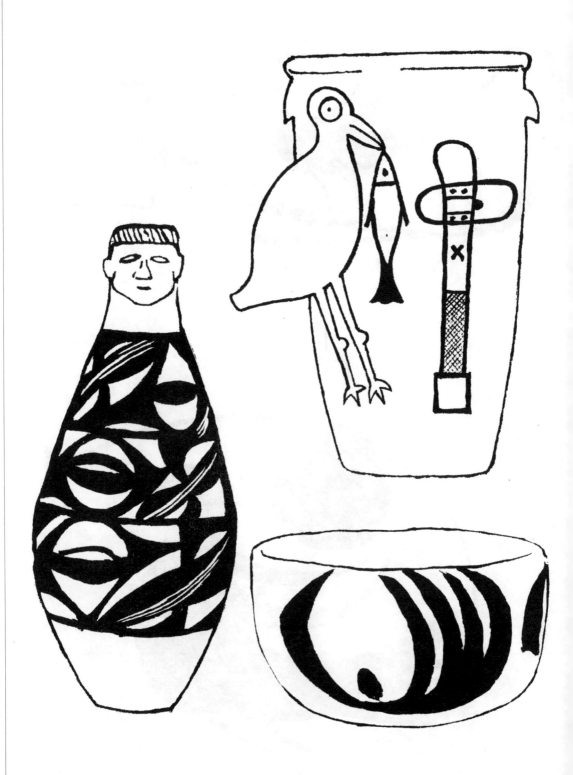

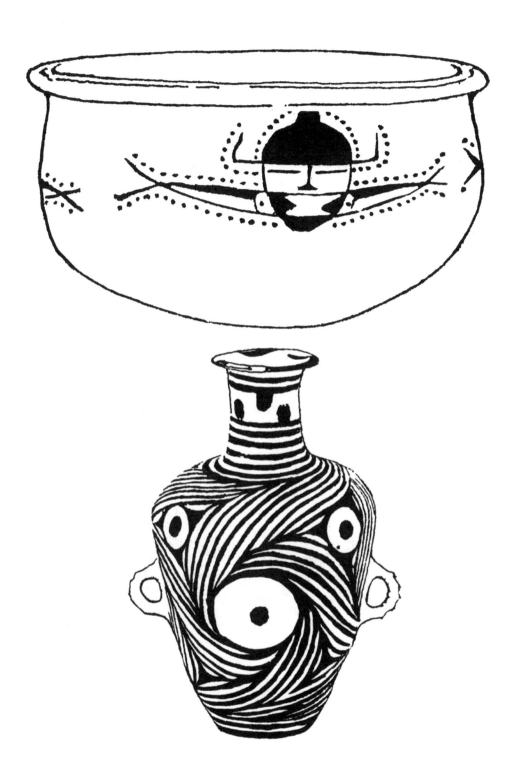

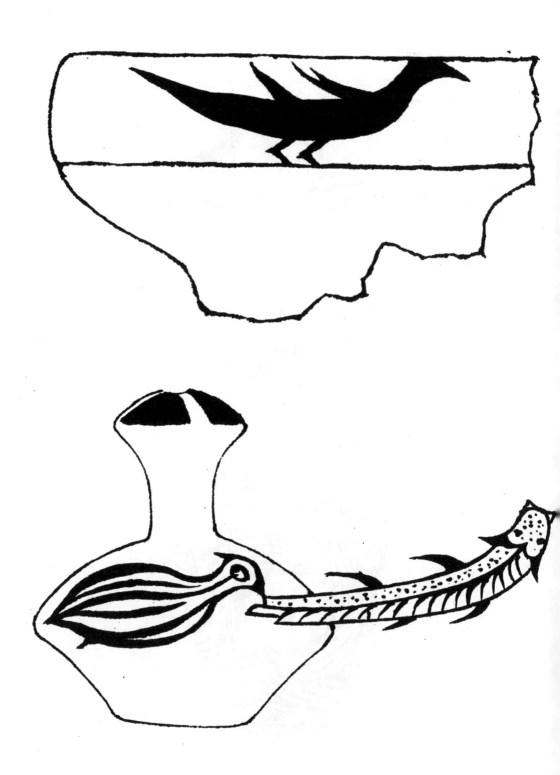

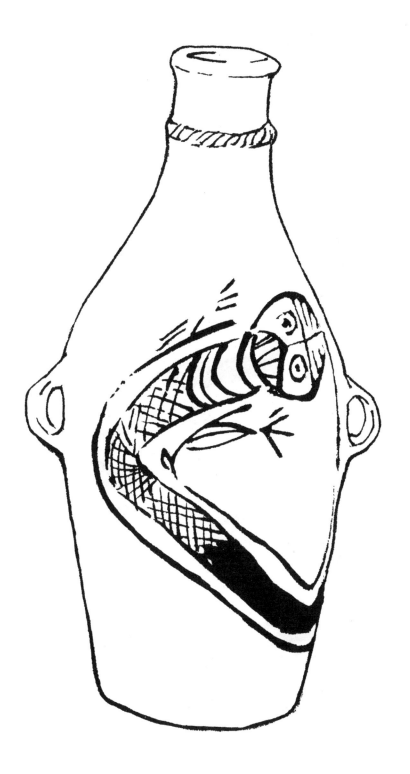

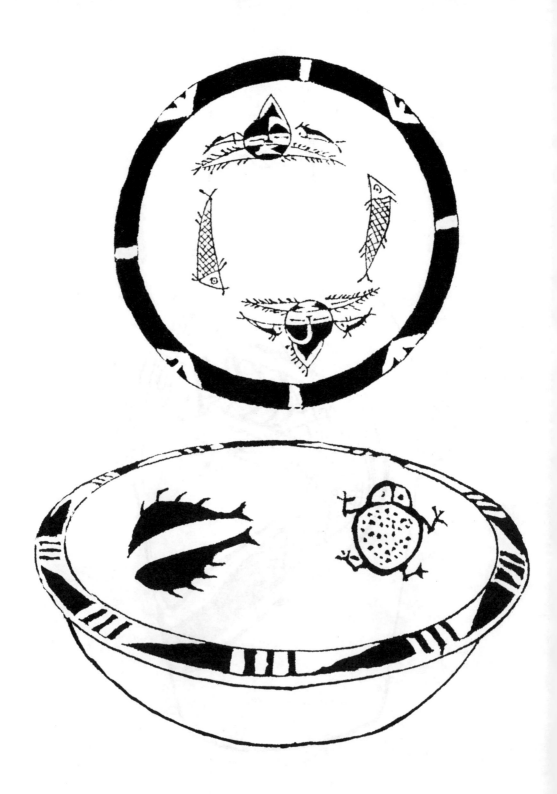

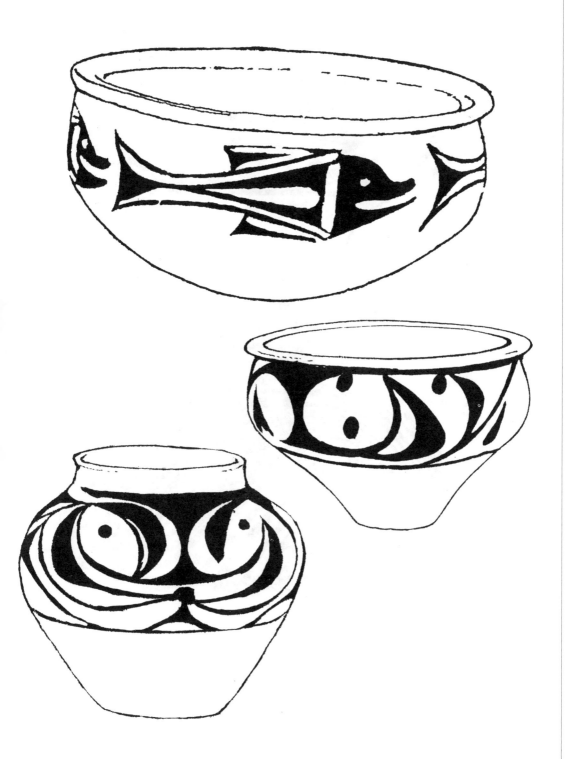

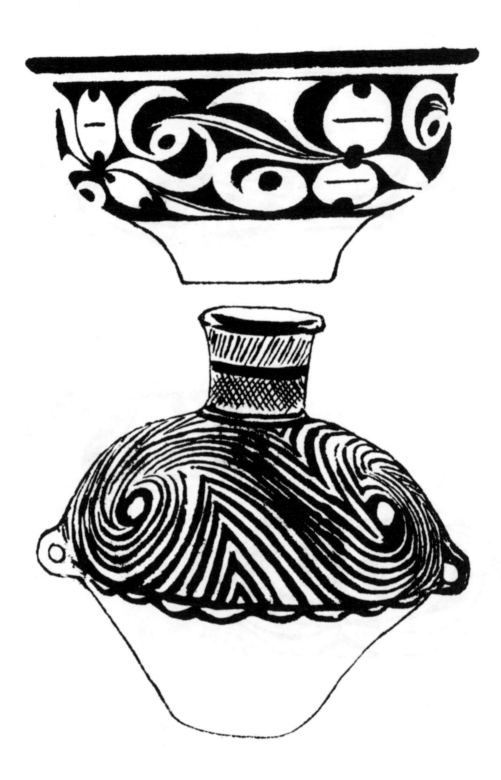

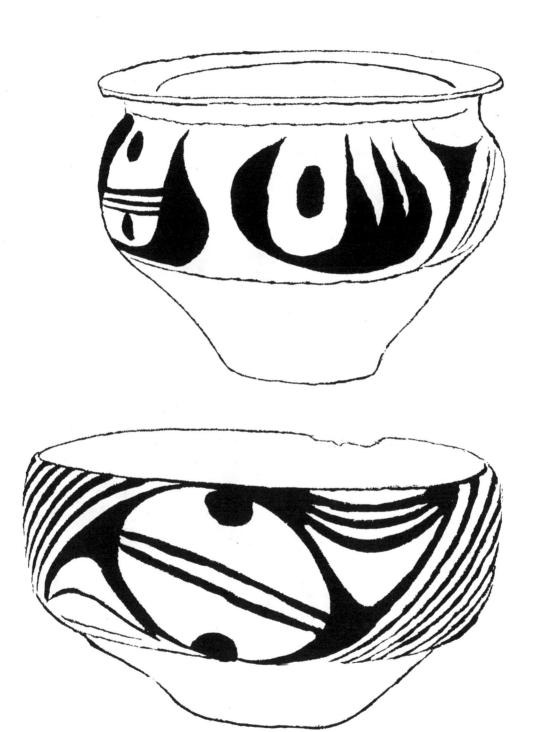

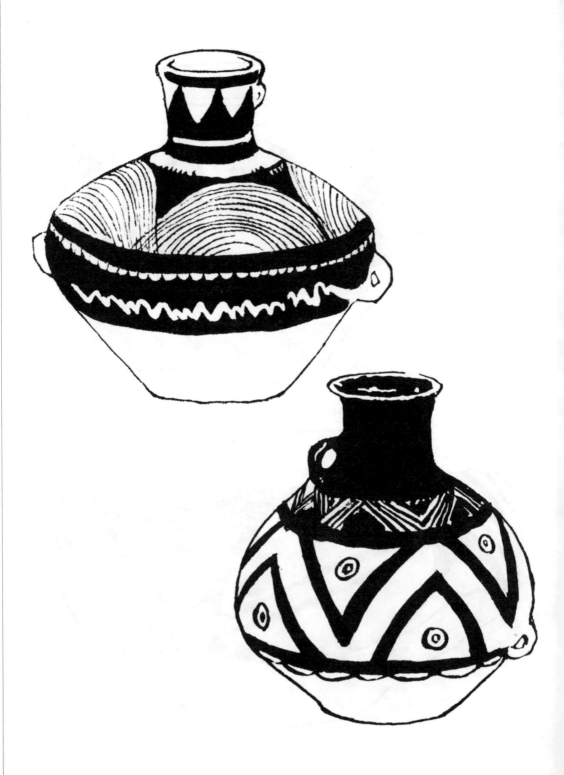

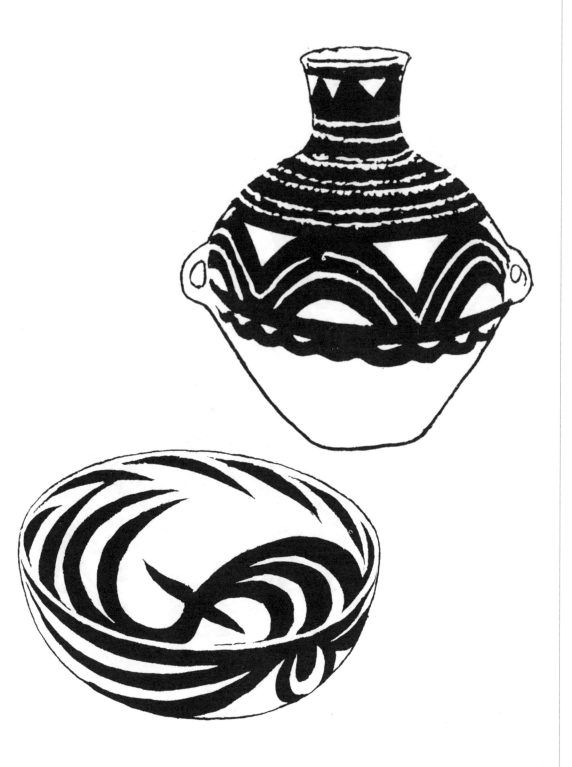

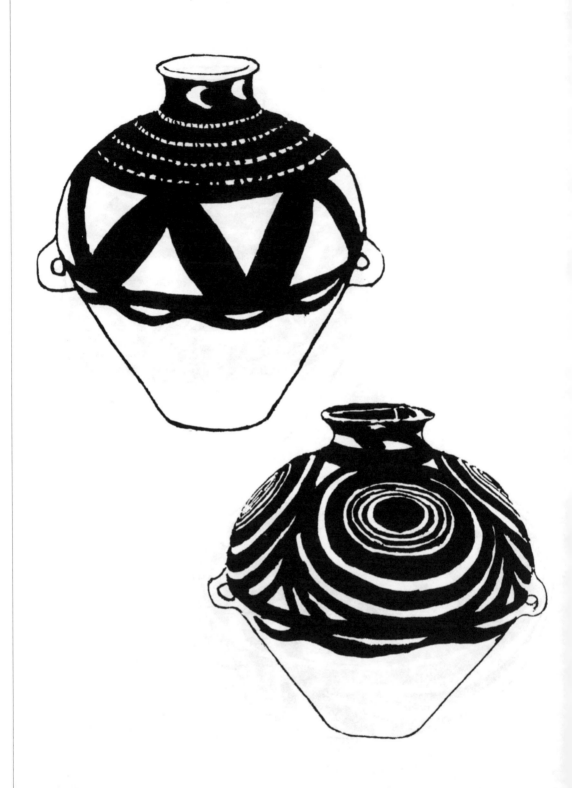

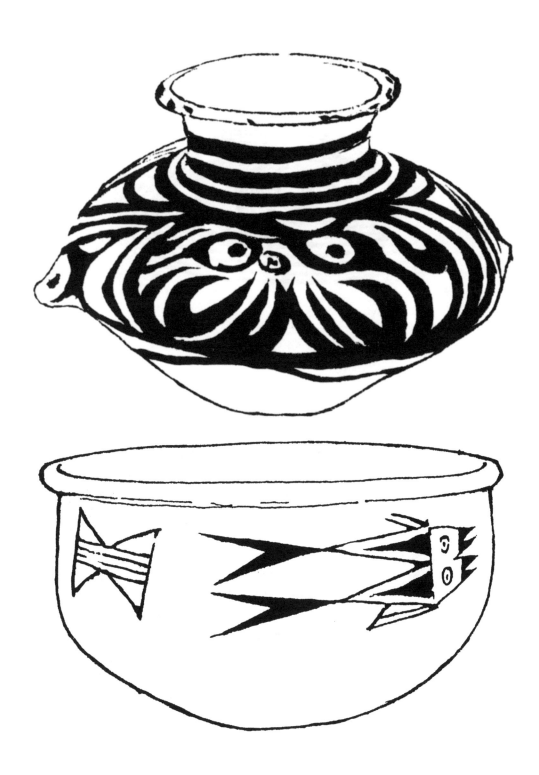

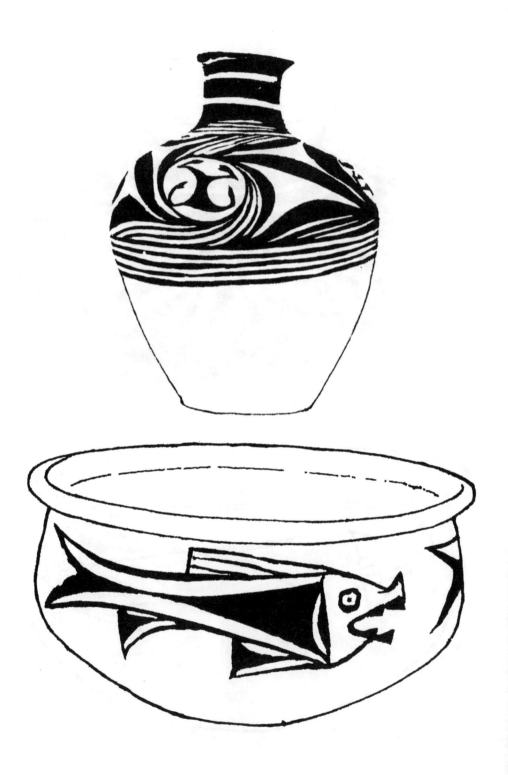

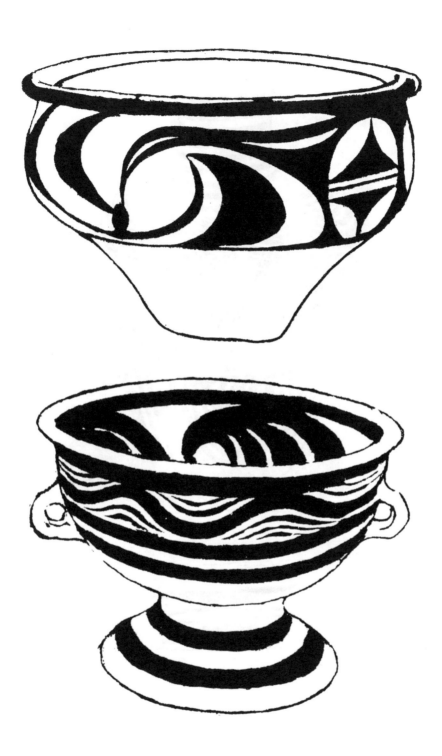

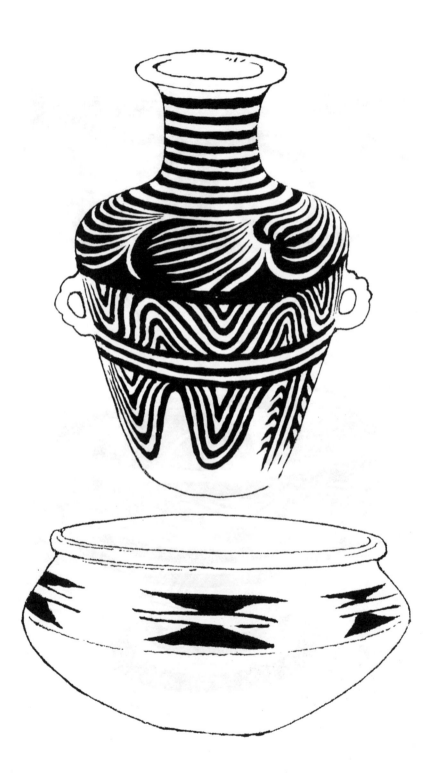

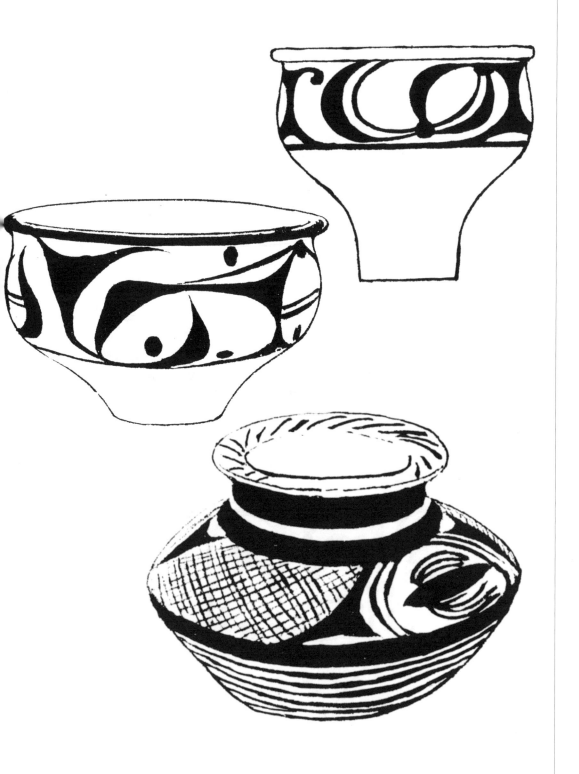

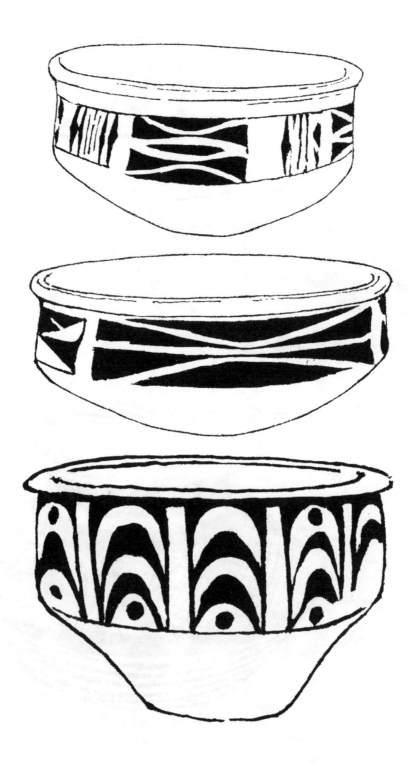

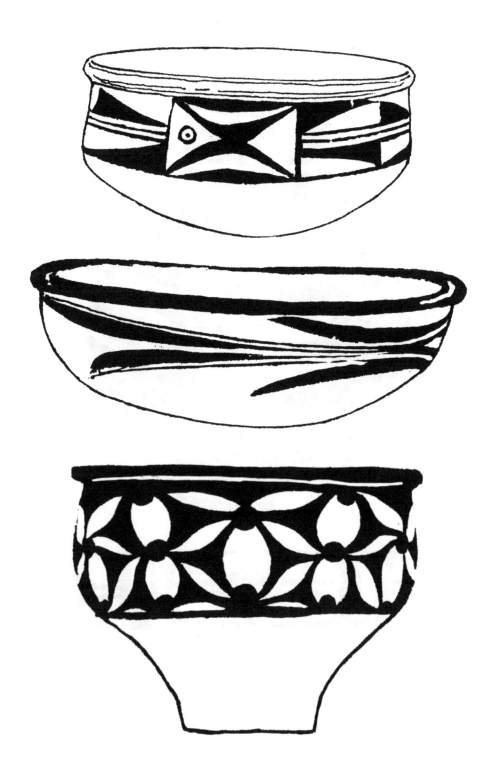

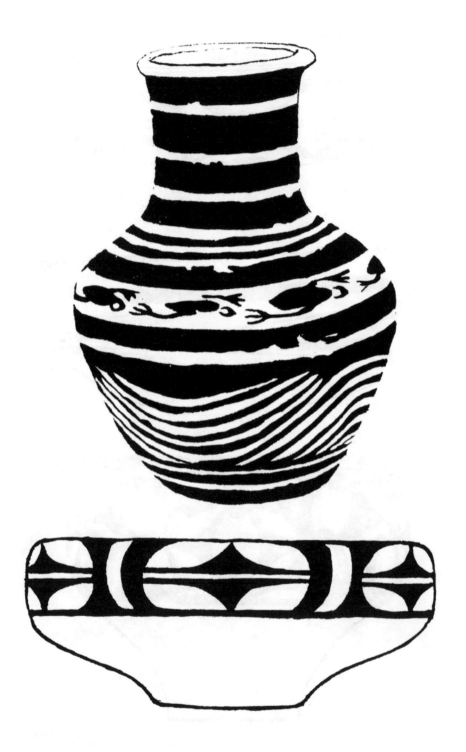

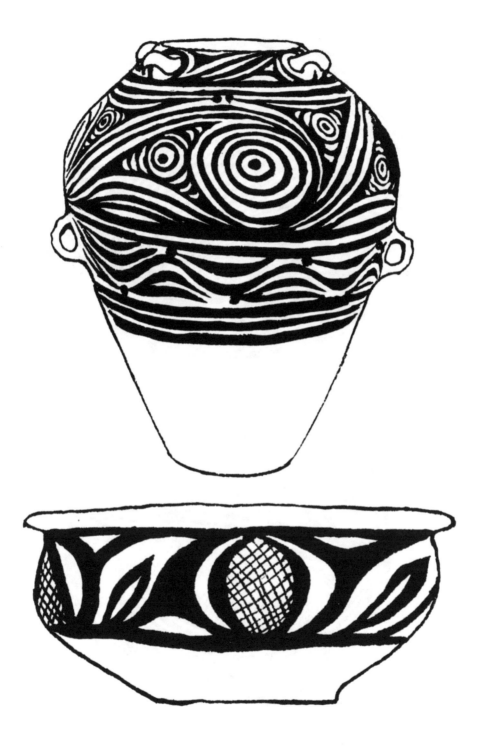

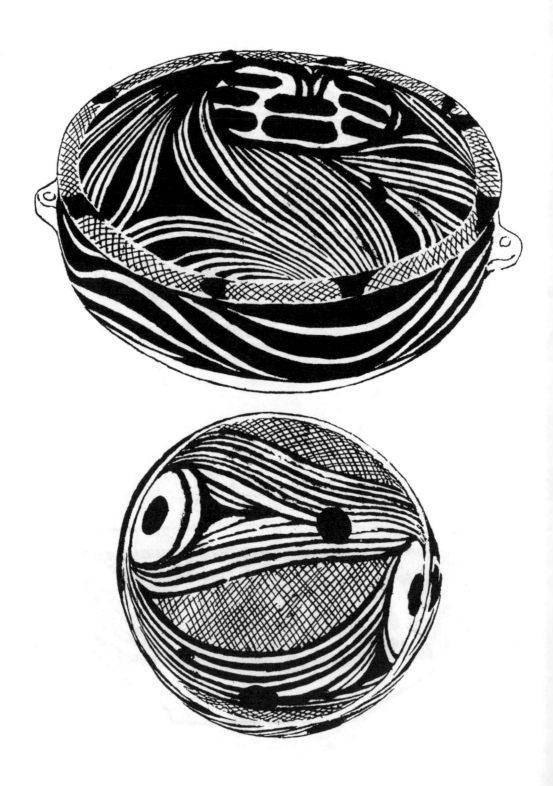

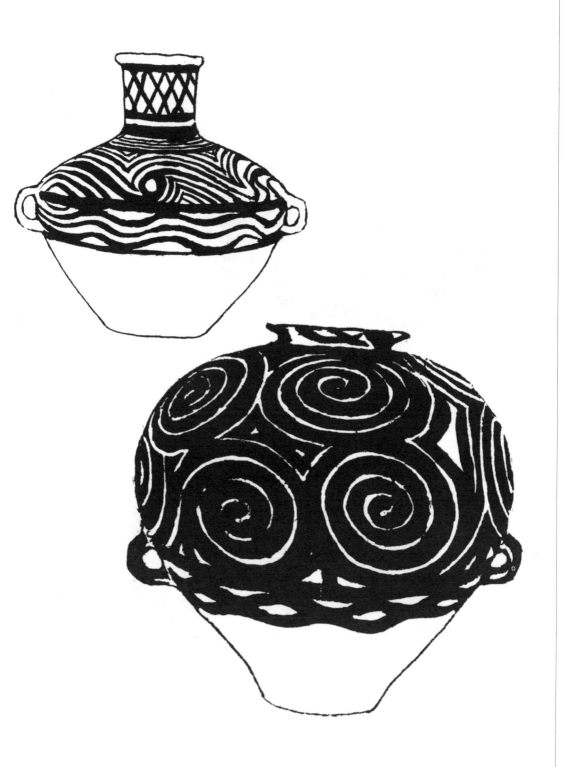

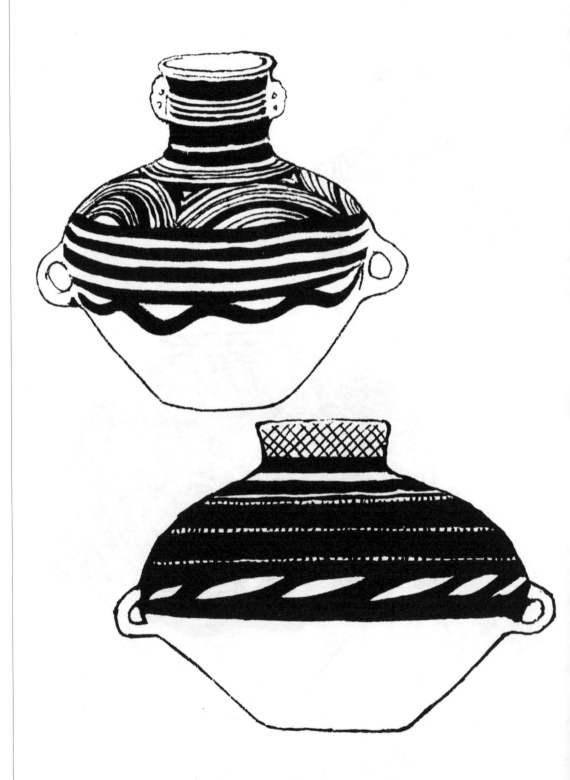

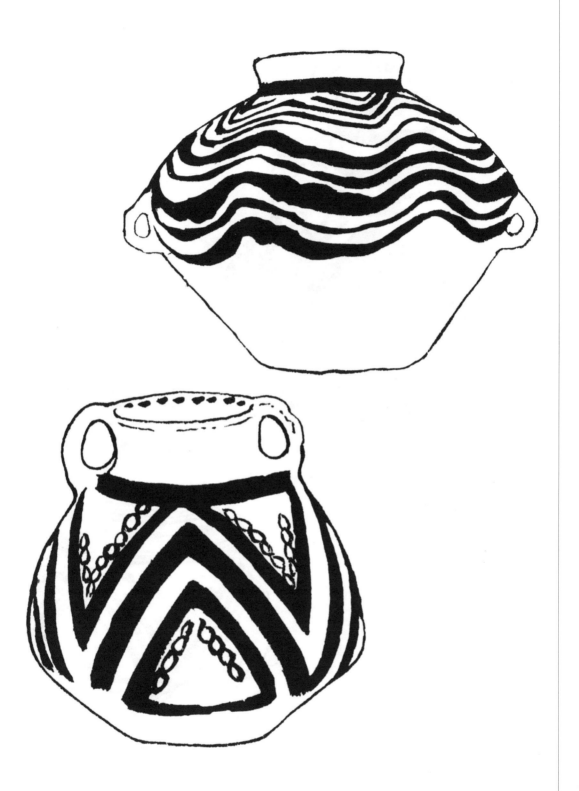

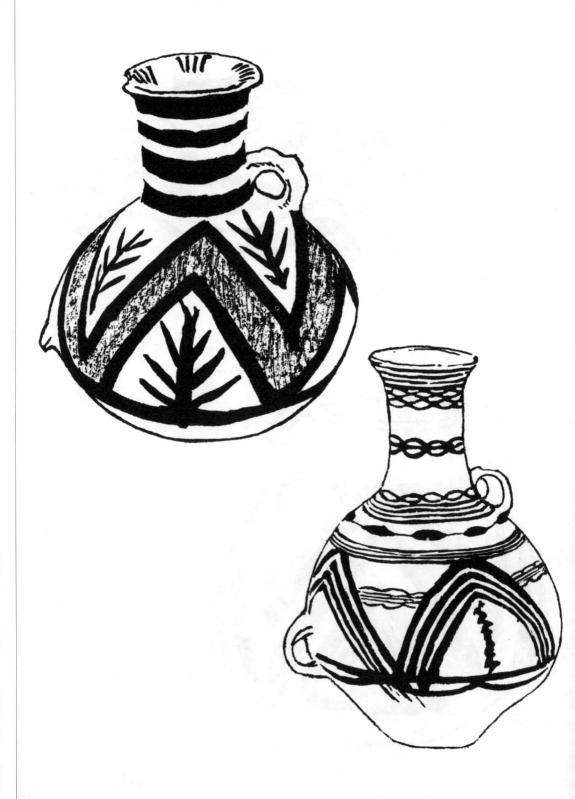

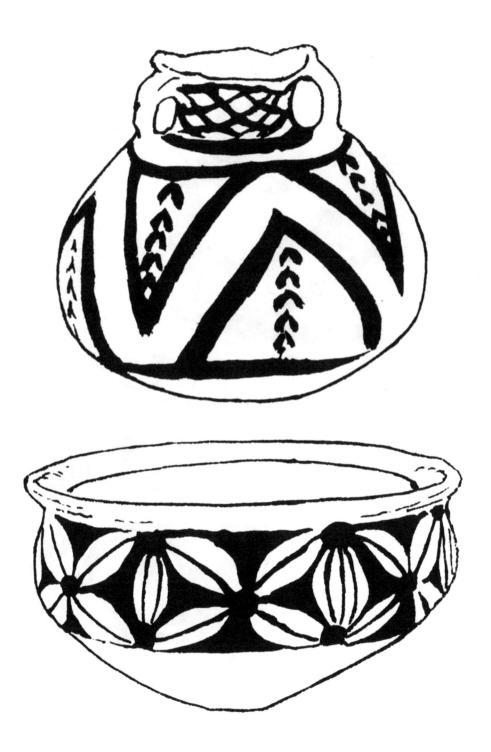

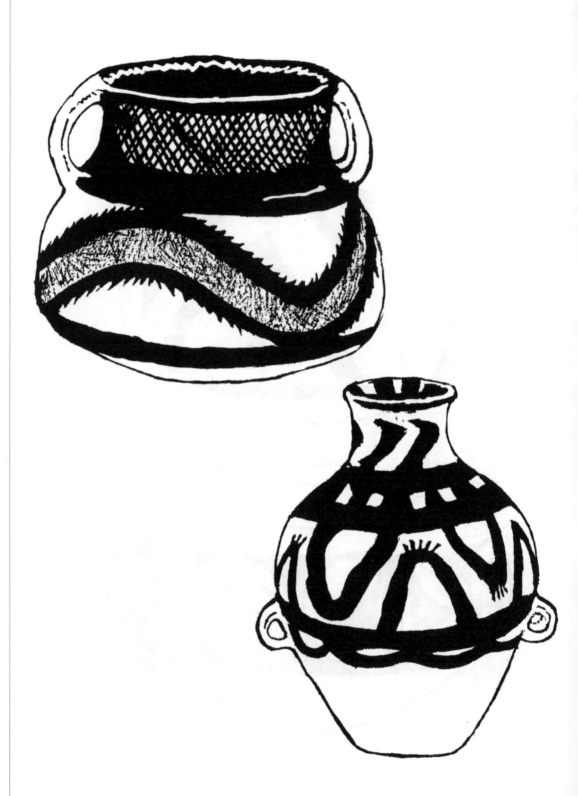

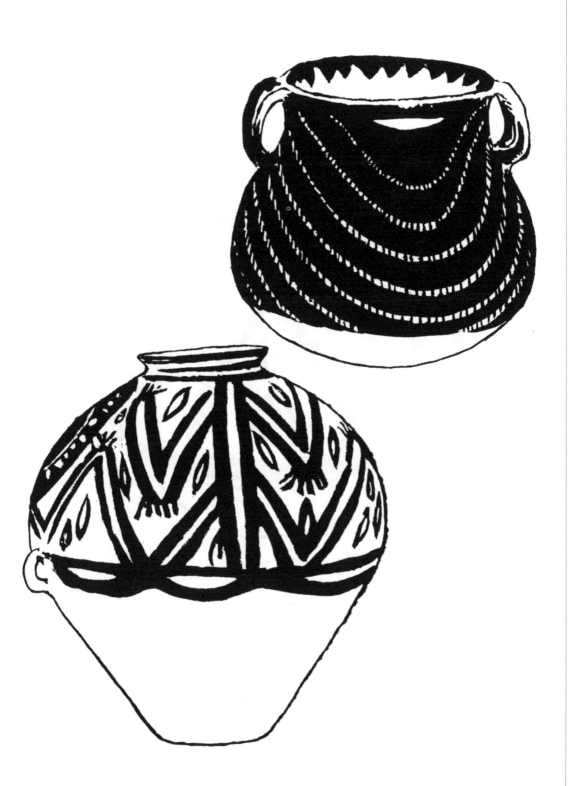

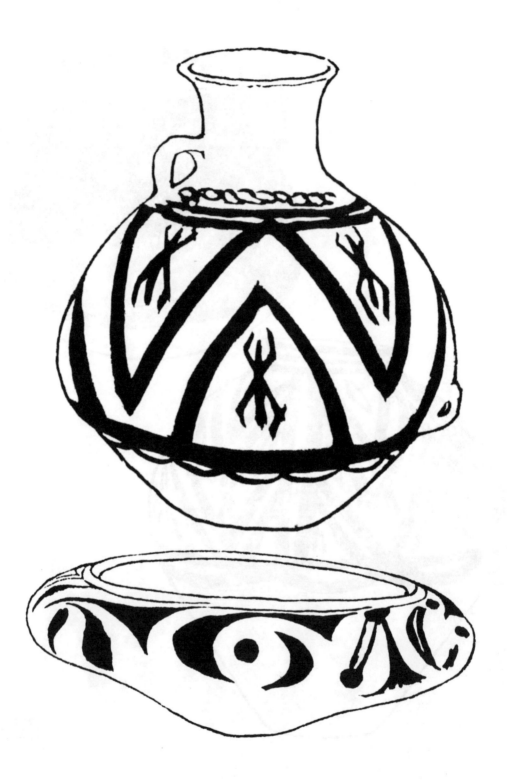

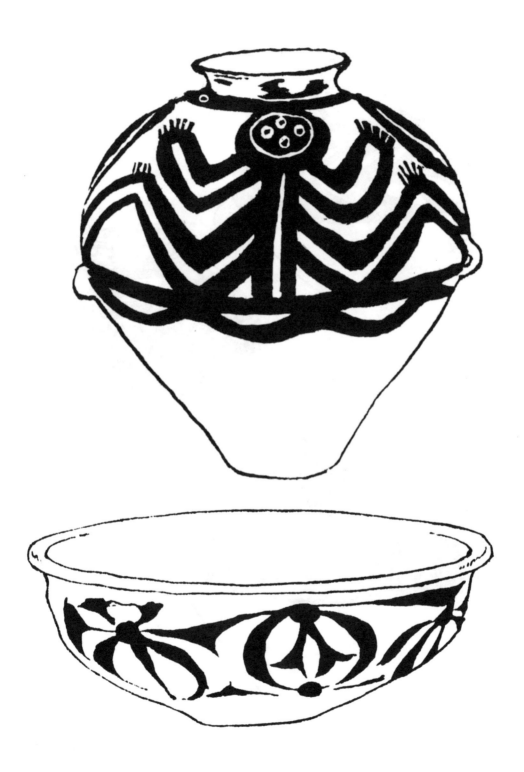

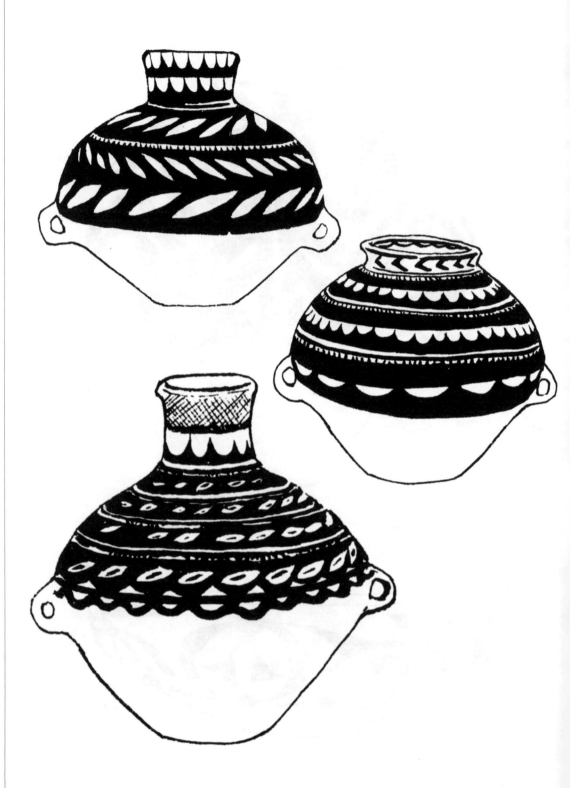

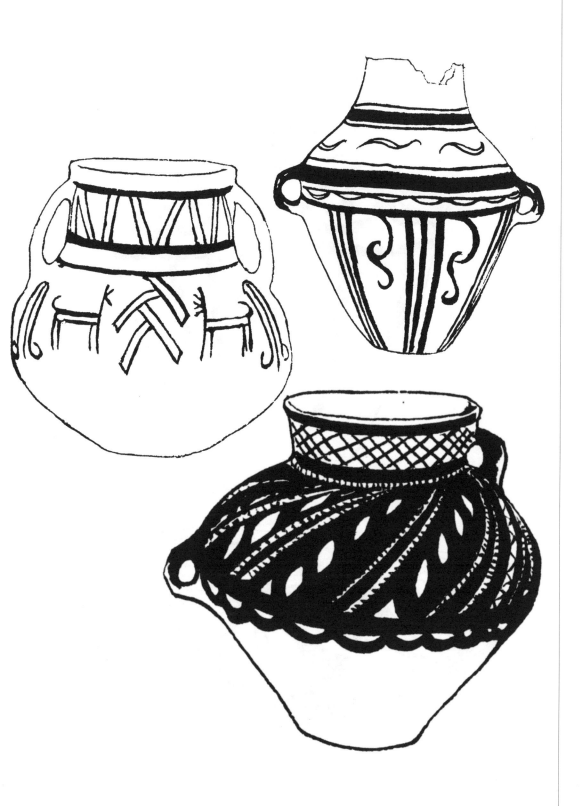

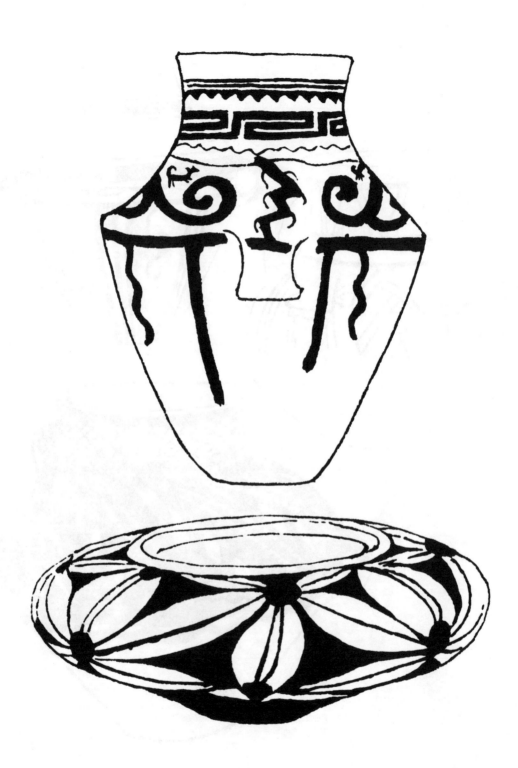

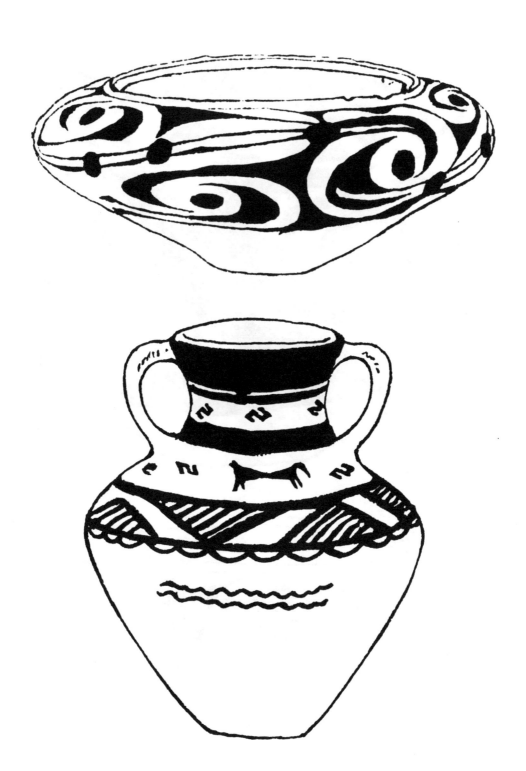

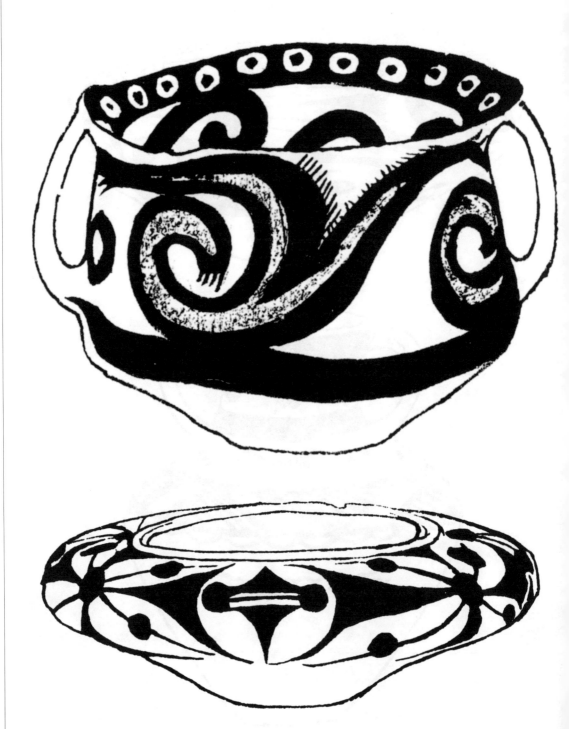

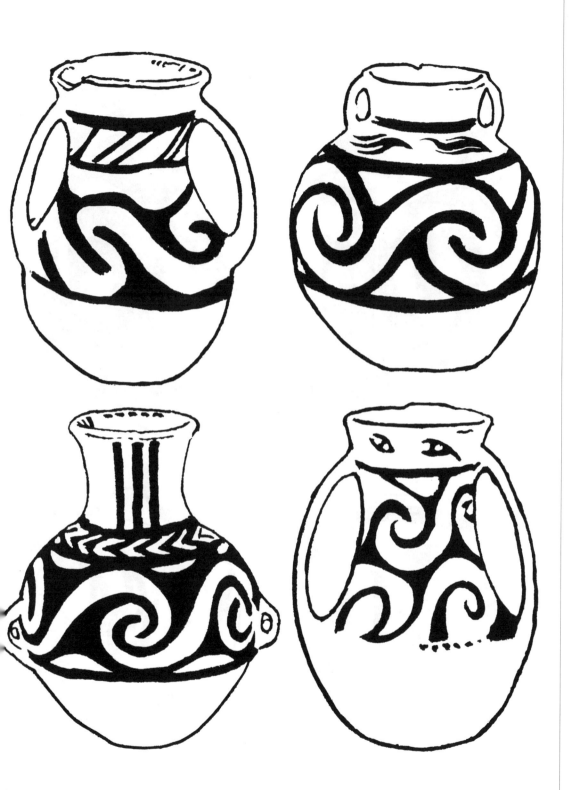

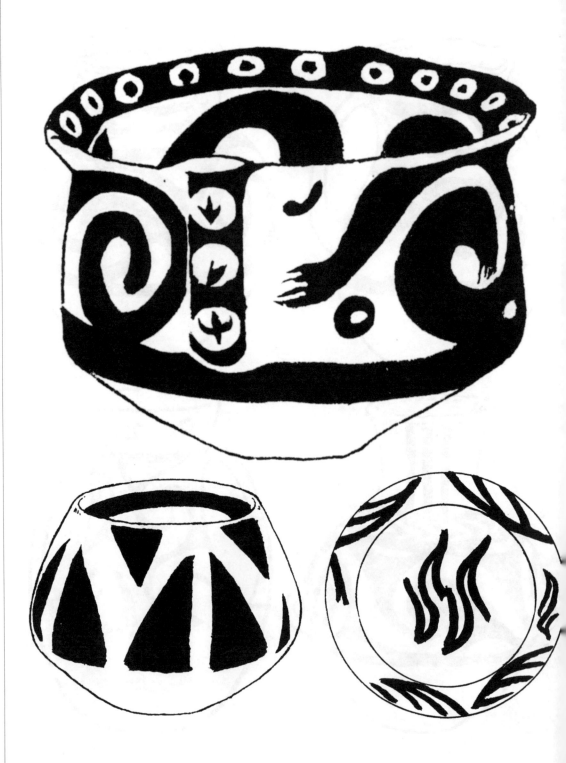

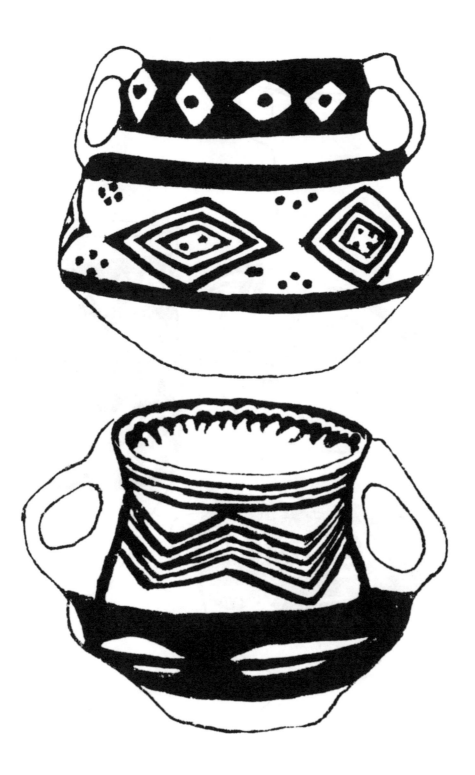

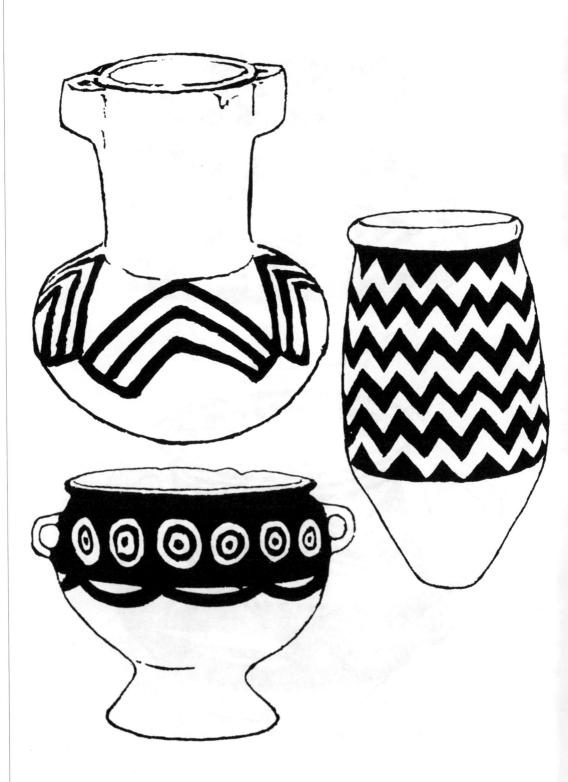

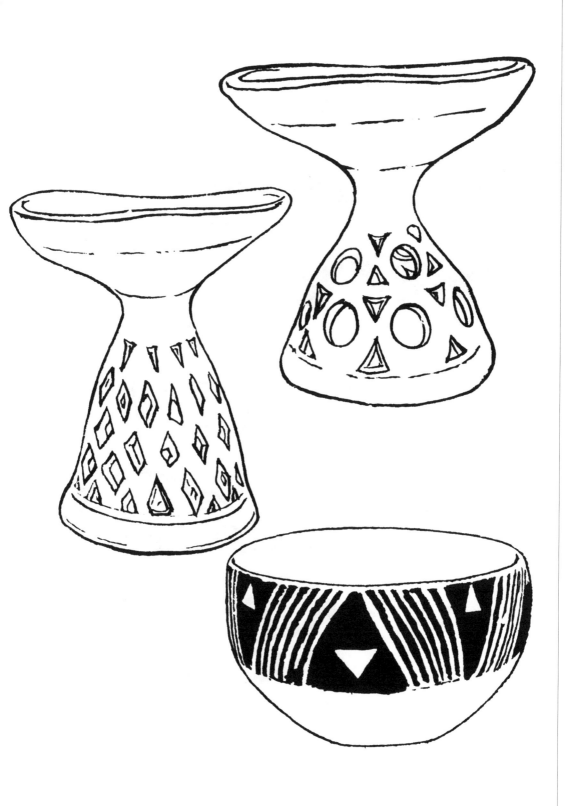

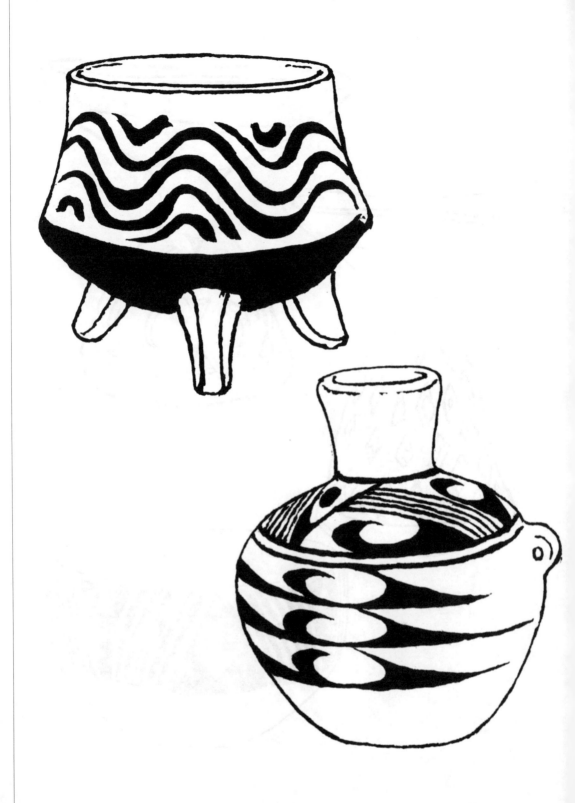

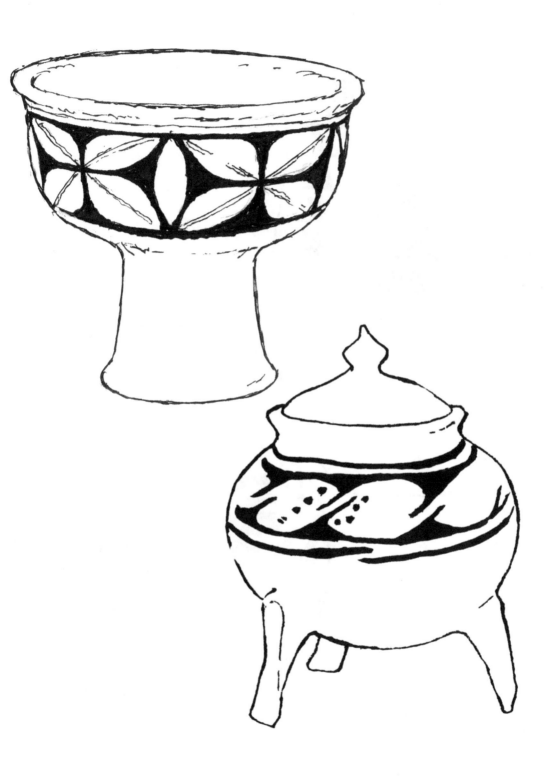

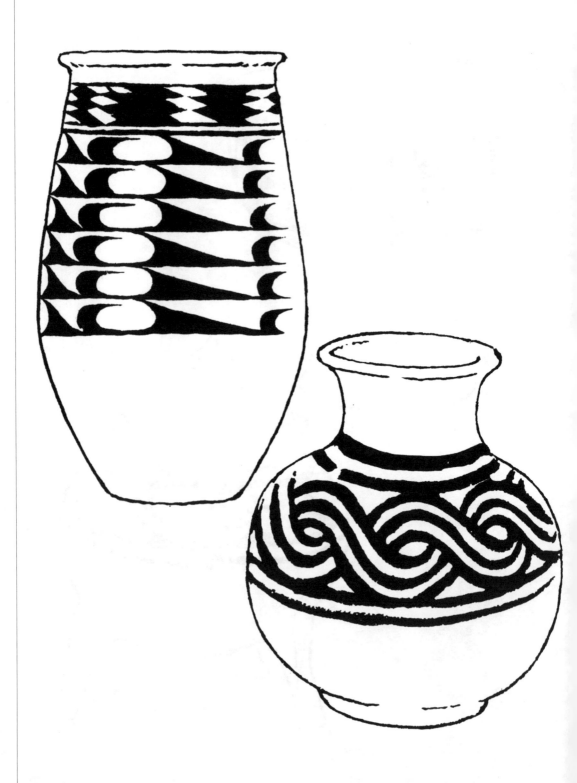

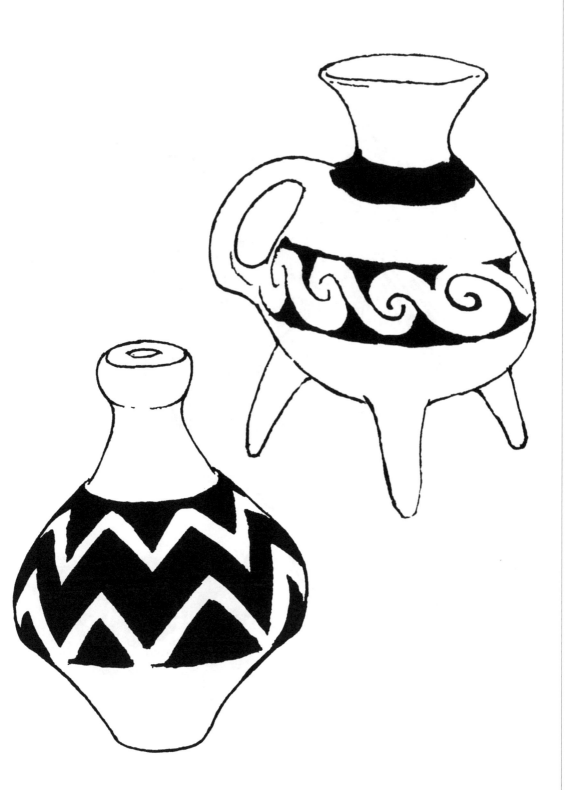

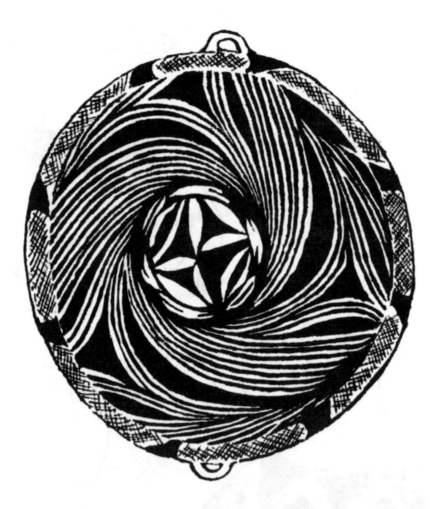

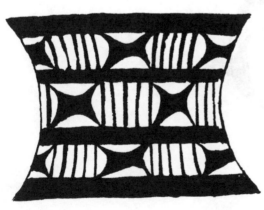

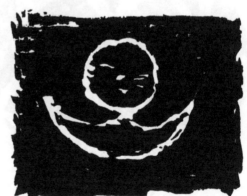

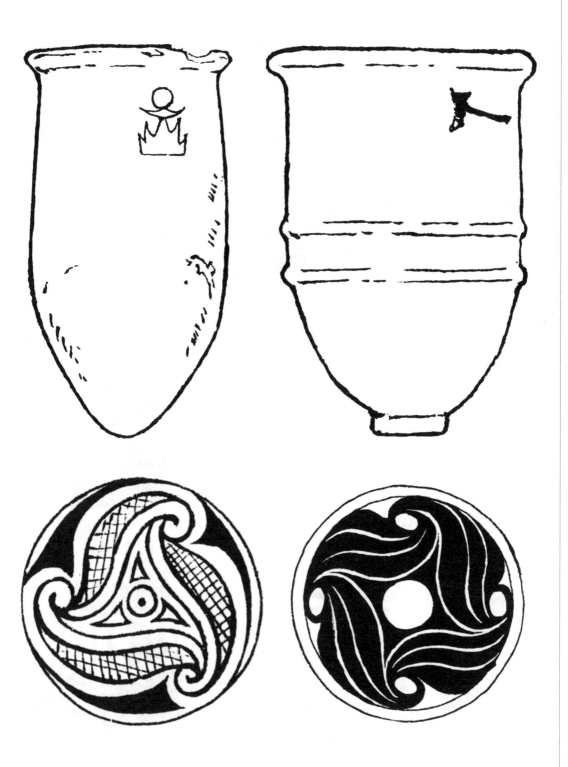

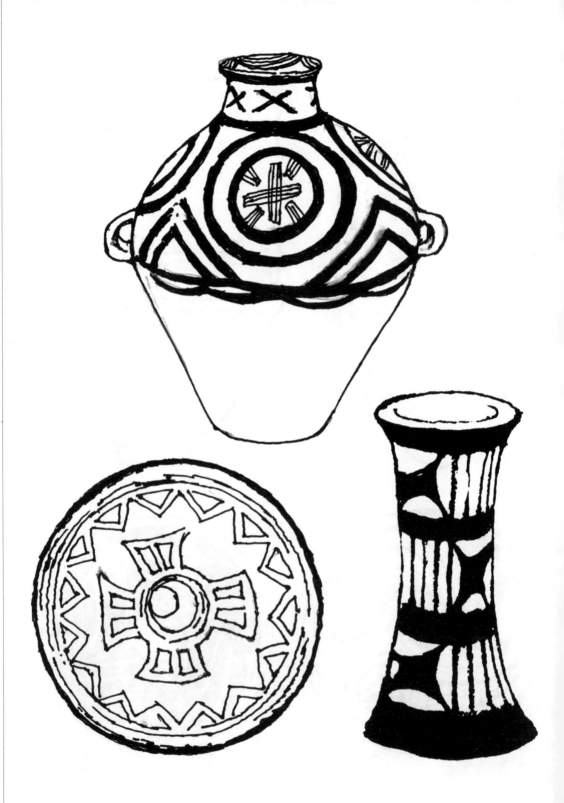

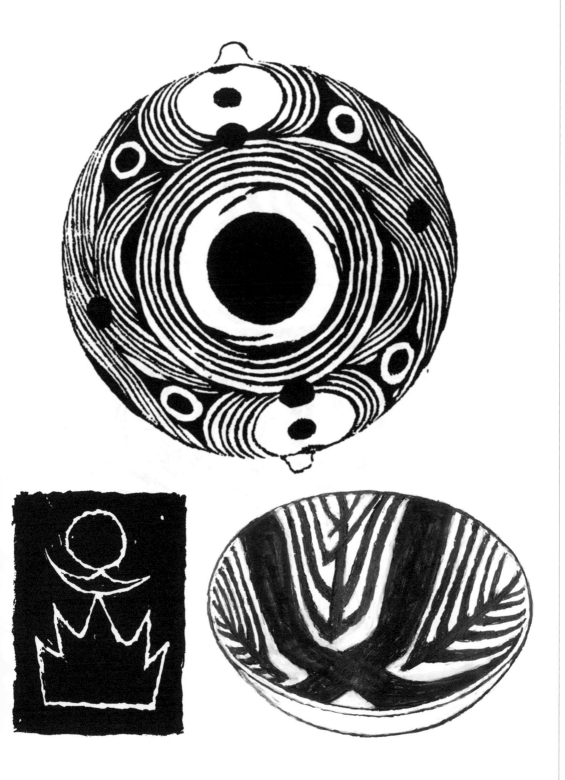

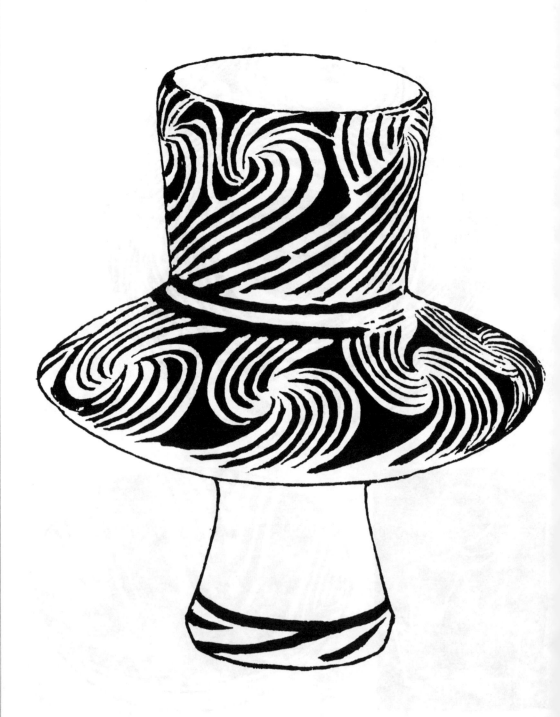

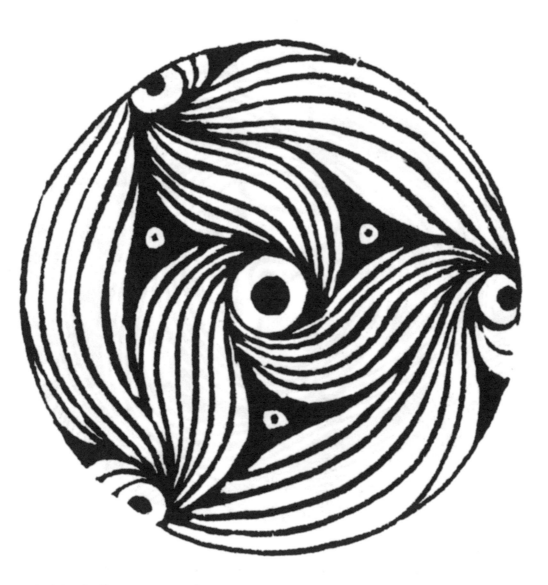

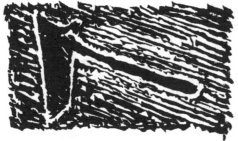

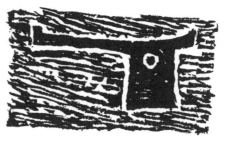

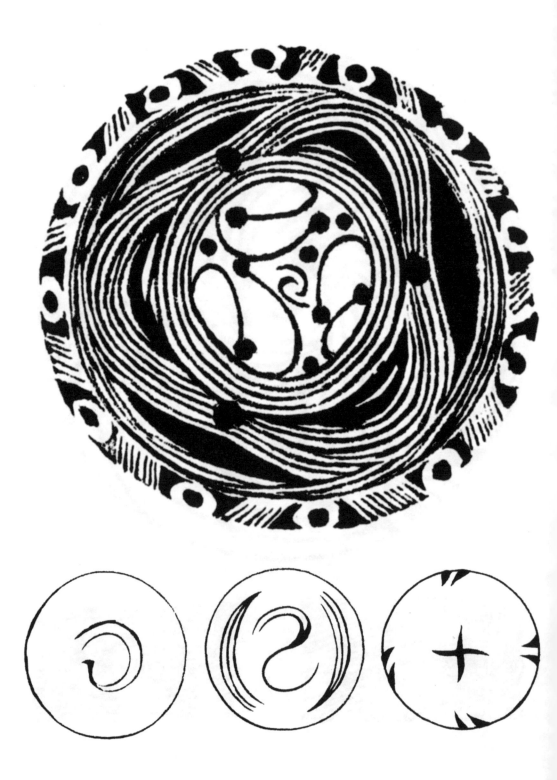

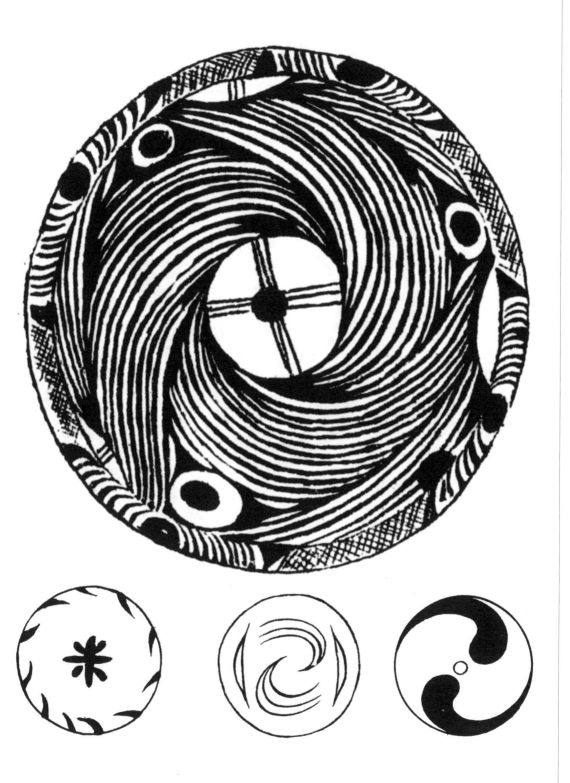

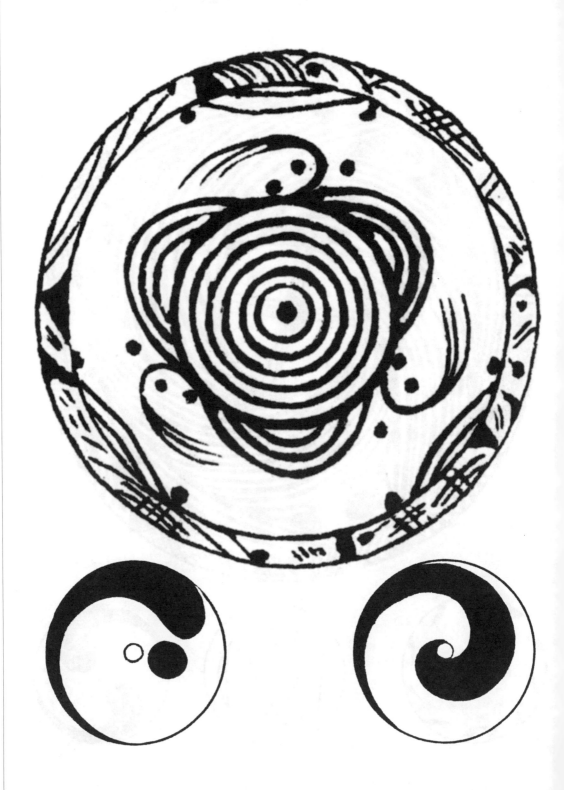

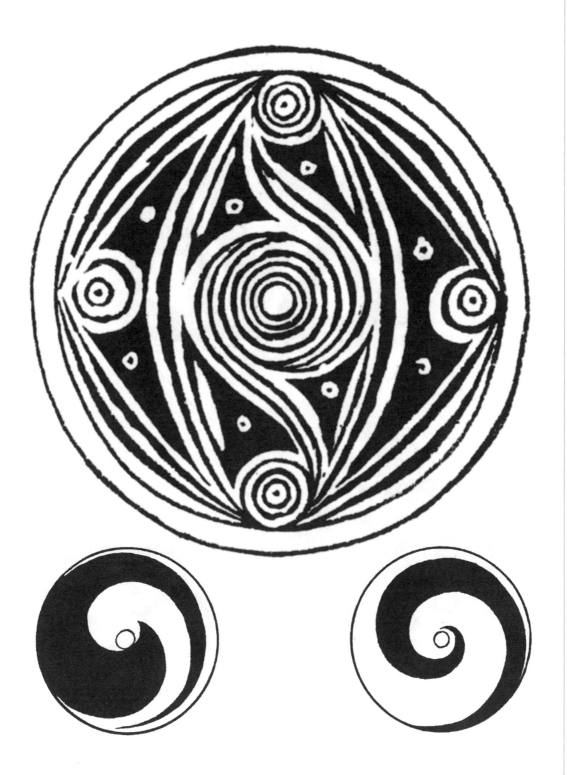

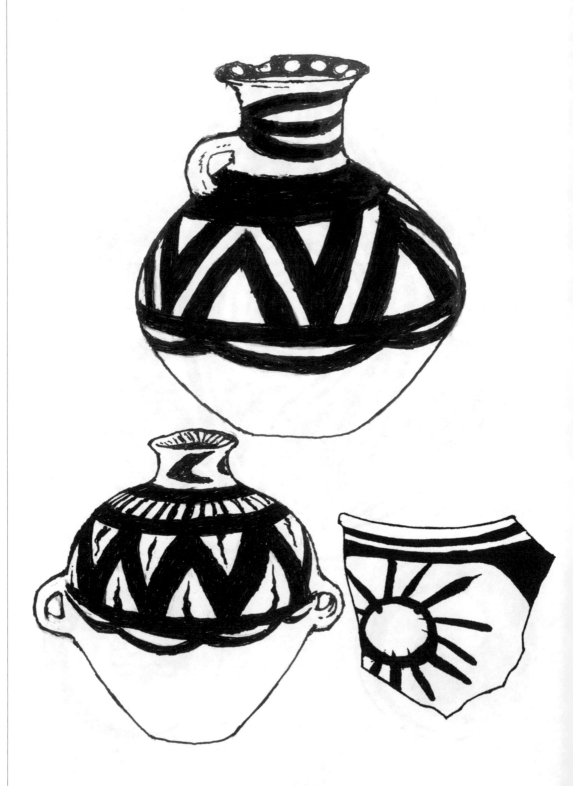

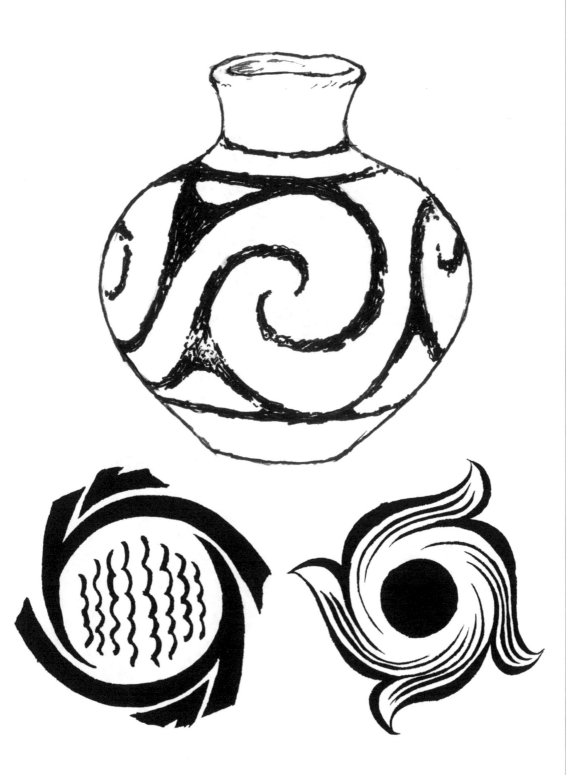

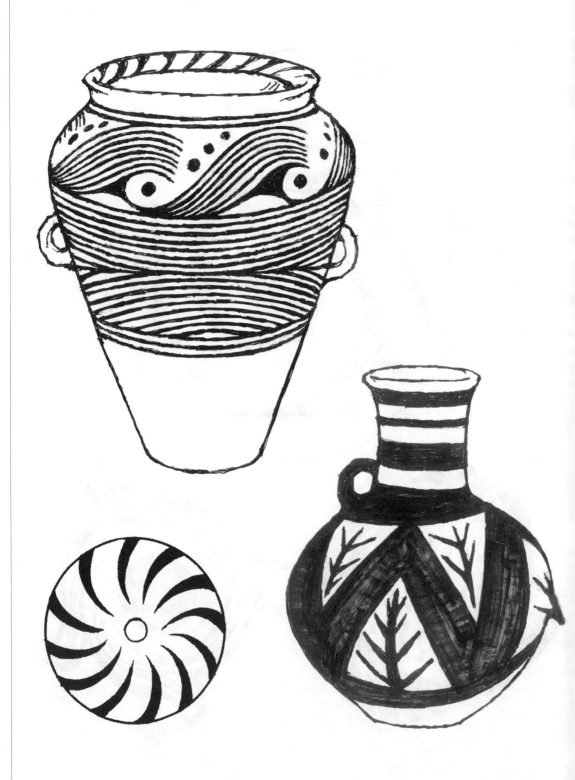

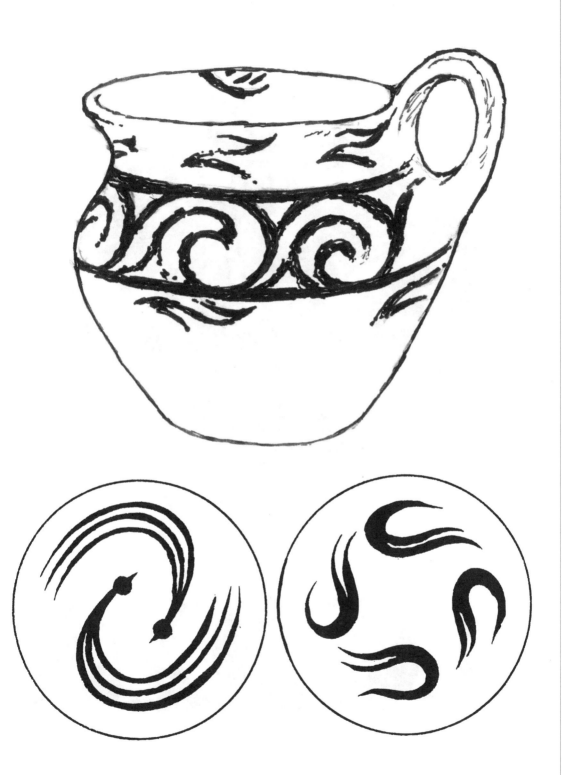

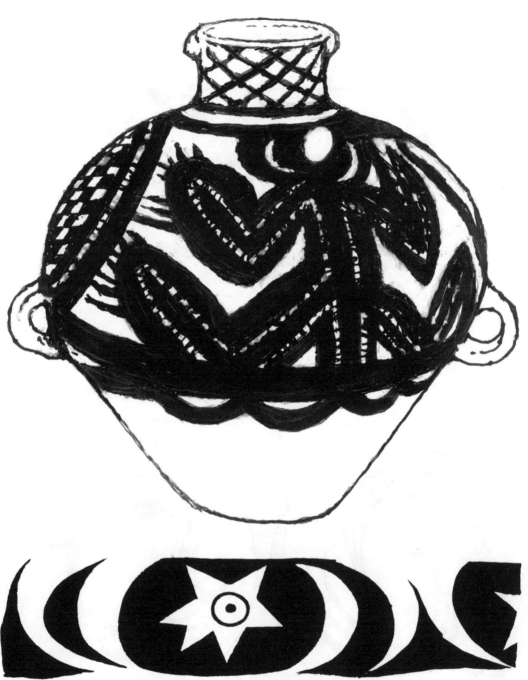

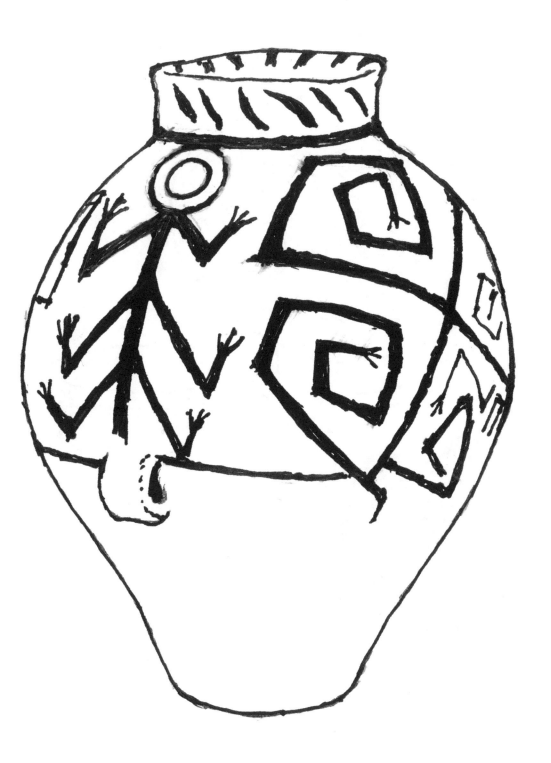

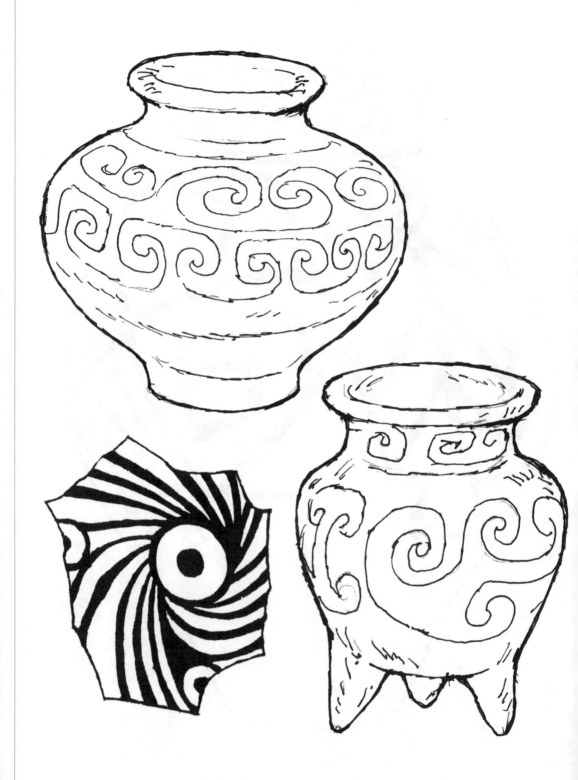

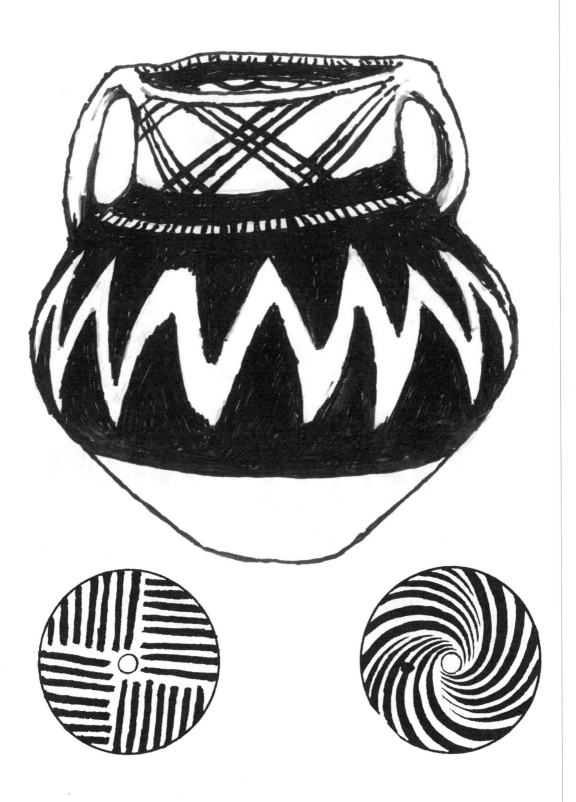

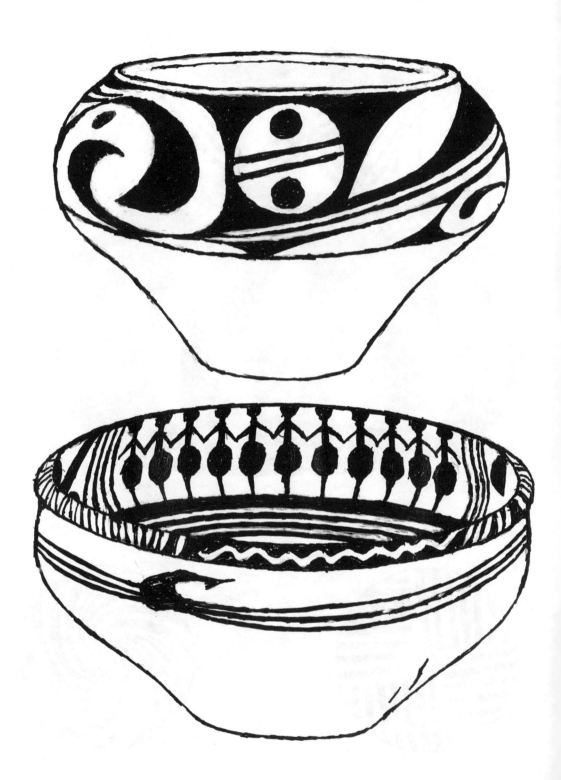

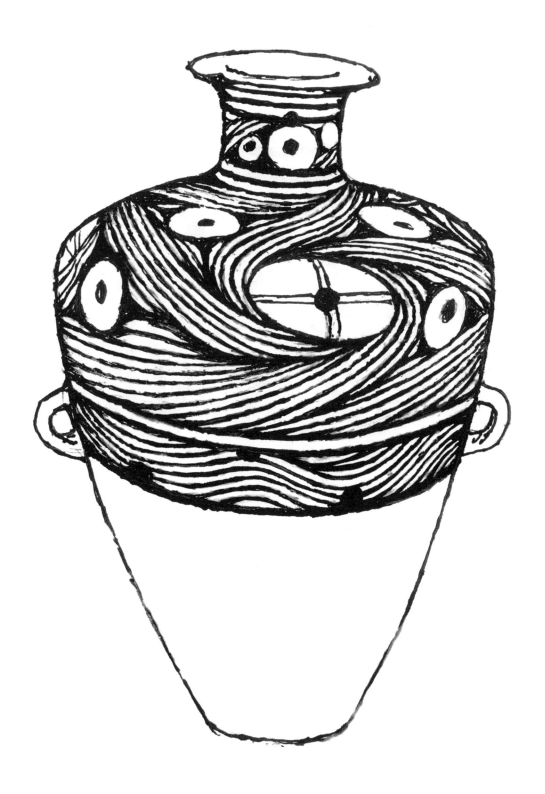

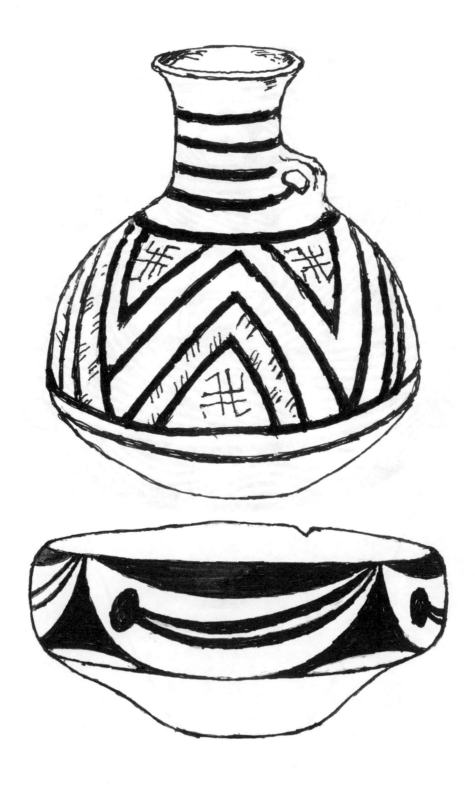

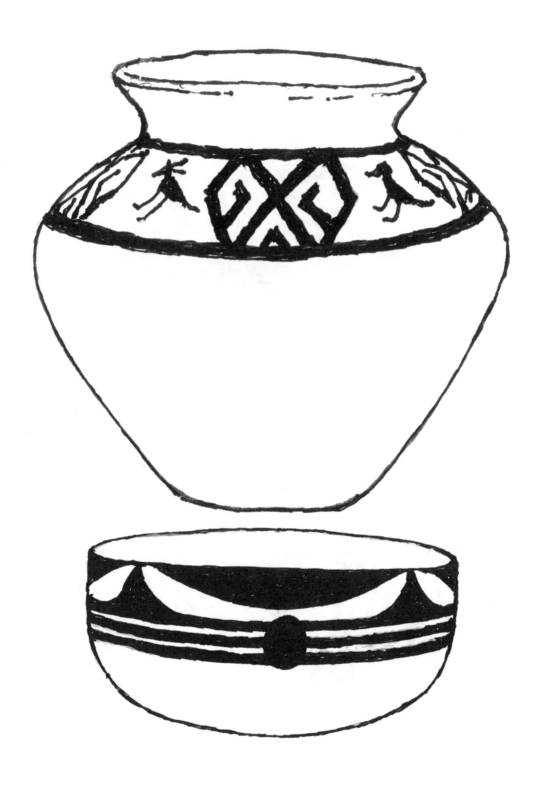

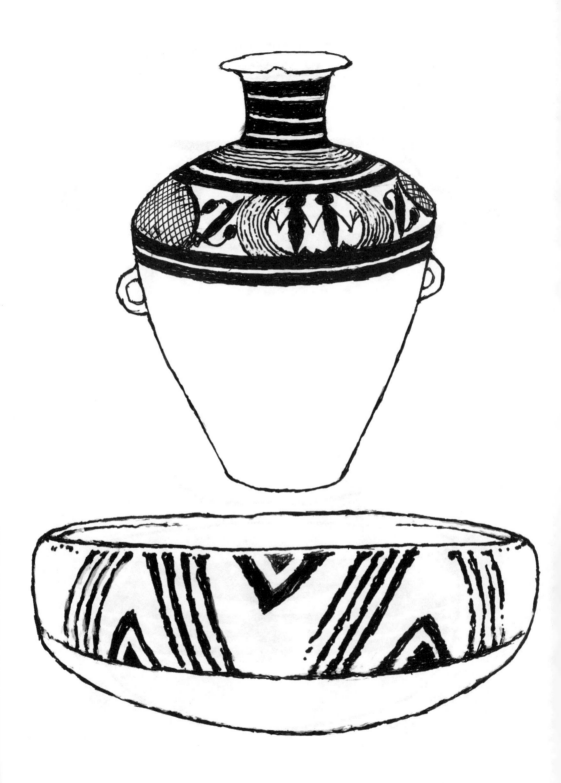

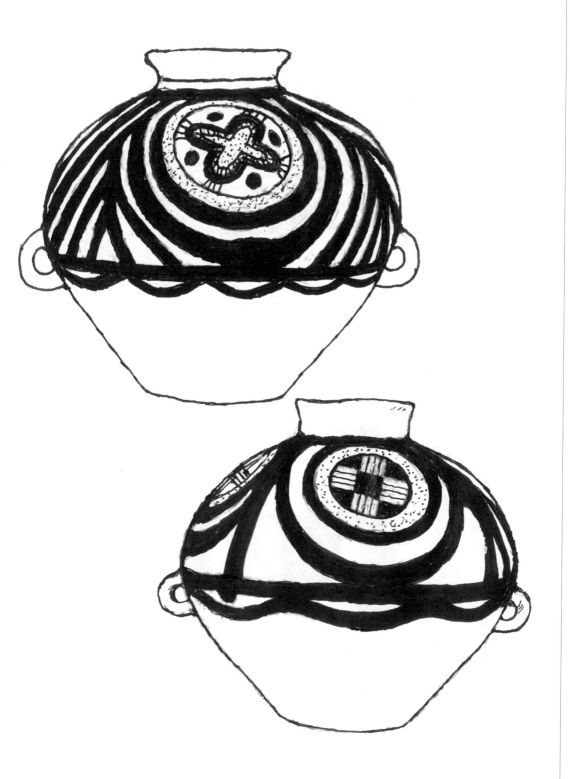

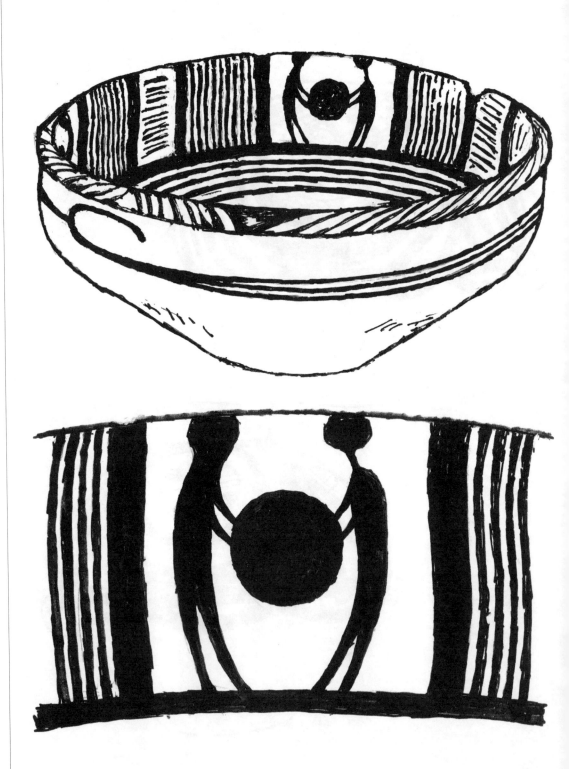

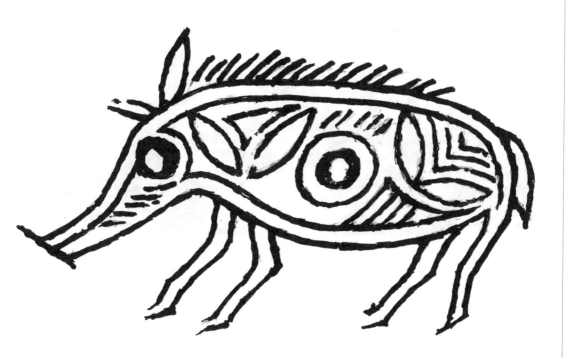

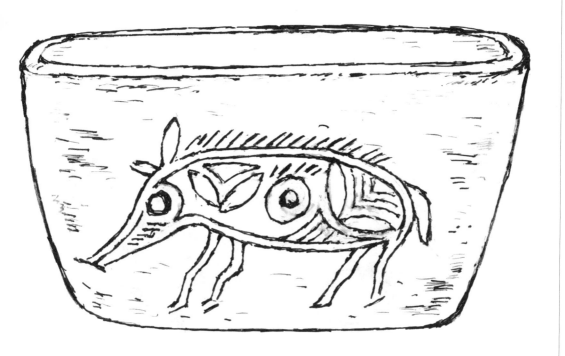

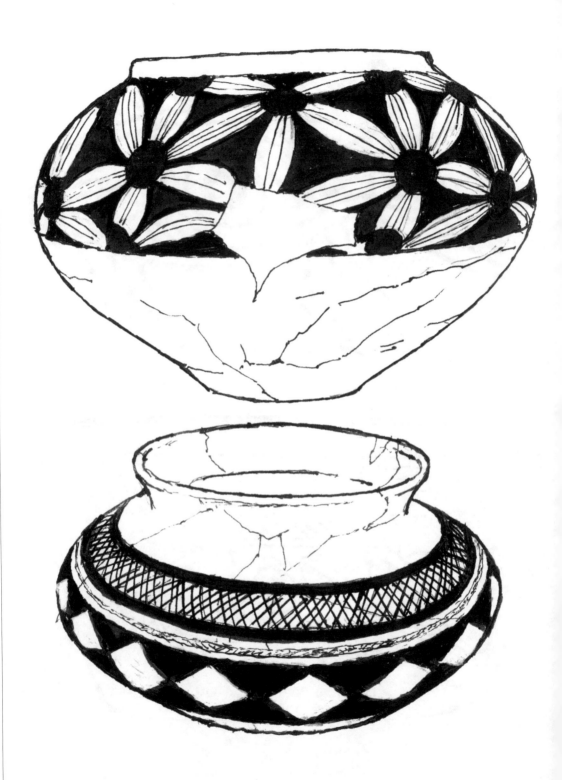

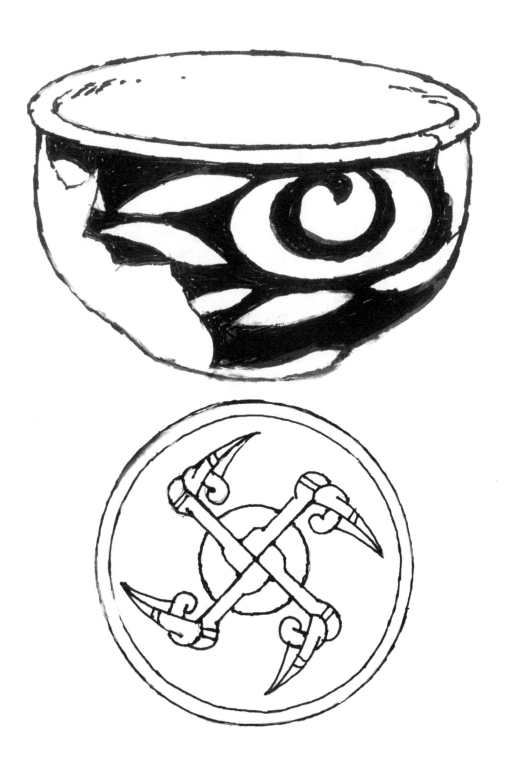

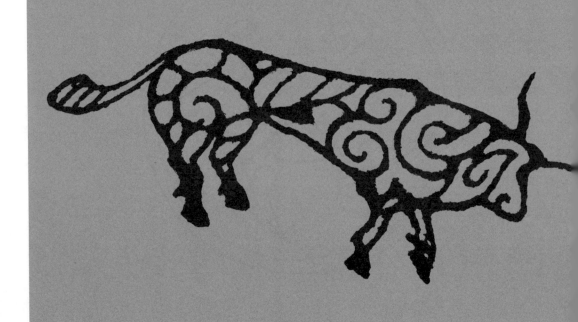

余论

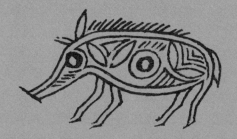

装饰既表现出感性的创造，又具有理性的规定：一方面艺术活动的创造行为与概念形成同步，另一方面又表现出设计和制作的一种有计划的步骤，即受主体制约的规划与设想。这是中国古代器物所表现出的基本艺术风貌，它承载了中国古代艺术与工艺的双重特性。这种艺术与工艺并置的造物思想，并没有产生强烈的冲突与差异，而是构筑出一种和谐并存、相互交融的装饰风格。这是古人的智慧，又像是对当下非物质社会"边缘论"①的回答。

　　非物质社会中"非物质"一词，源自英国历史学家汤因比的记述："人类将无生命的和未加工的物质转化成工具，并给予它们以未加工的物质从未有的功能和样式。而这种功能和样式是非物质性的。"②法国学者马克·第亚尼认为：当下社会有许多的改变，最根本的改变是思想观念和思维方式的改变，具体表现为，多数传统的"两极对立"眼看着一个个消失了。③即原来两极对立的事物之间的边界在不断地消亡，彼此之间逐步形成交融、对话、拼贴的边缘。因此，在非物质社会中，设计越来越追求一种无目的、不可预料的、无法量化和没有固定标准的物品，努力创造一种能引起诗意反应的抒情价值。这明显违背了二十世纪初德意志制造联盟提出的标准化、批量化这一影响至今的设计指导原则。可以说，设计以标准化、批量化与艺术相区别，而当代的非物质社会又促使设计对形式与功能的追求，走向一种艺术的创造，也走向当下设计与艺术的边缘。

---

①滕守尧：《文化的边缘》，作家出版社，1997年。
②［法］马克·第亚尼：《非物质社会：后工业世界的设计、文化与技术》，四川人民出版社，1998年，第6页。
③［法］马克·第亚尼：《非物质社会：后工业世界的设计、文化与技术》，四川人民出版社，1998年，第3页。

在非物质社会之前，艺术与工艺在器物上的对话产生了"装饰"一词。在千百年的实践中，"装饰"又逐渐演变成与艺术、设计等同的人类创造"人造物"的手段之一。在非物质时代的"装饰"应该适应非物质社会的需要，从而提出新的方向？当下的设计正在努力追求脱离物质层面走向纯精神层面，即一种不确定的、感官上的享受——感官或感受性的设计，即王敏教授所说的设计的不确定性之美。[①]技术对于设计的影响是颠覆性的，设计的发展始终伴随着技术的进步前进，这在设计史中一目了然。而装饰一方面表现出设计的特质，另一方面，其本身依赖于技术的不断进步而发展。因此，在非物质时代，装饰同样面临技术的突破所带来的颠覆性的改变。

　　在 AI 技术的影响下，装饰及装饰艺术是否同样走向不确定性或创造出感官性的装饰艺术，我们无法预知。但这将是一种全新的探索，甚至是一次装饰艺术的冒险之旅，我们应该有勇气去挑战装饰艺术在未来社会的不确定之美。这或将成为我们真正超越中国古代装饰艺术的路径。

---

①王敏，中央美术学院教授。2022 年 3 月 18 日，南方科技大学主题演讲《人工智能时代设计的不确定性之美》。

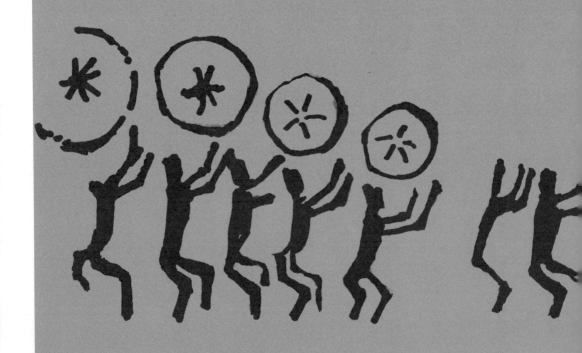

后记

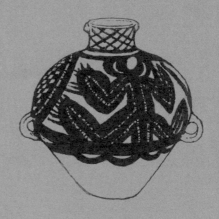

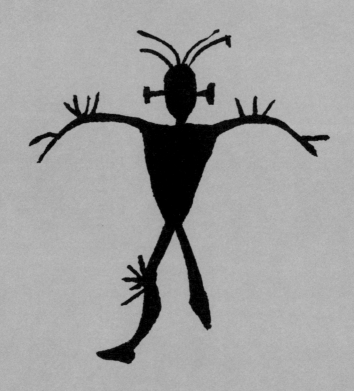

中国古代装饰艺术博大精深，少小时即在家父的悉心教诲下研学其中的奥妙，可谓获益良多，但从未想过将对中国古代装饰艺术的诸多想法、理解述诸笔端。幸运的是，今年年初受湖北美术出版社之邀，参与出版《古代装饰艺术》丛书的出版工作，并主笔撰写《古代装饰艺术》。

中国古代装饰艺术包罗万象、广博浩繁，一时不知从何入手。同时，由于出版周期相对较短，故节选了中国古代装饰艺术的部分内容。岩画艺术、彩陶艺术、青铜艺术、玉器艺术、漆器艺术、织绣艺术、汉画艺术、瓦当艺术，上述八个部分是史前至两汉时期装饰艺术的重要代表。其中，部分内容在两汉以后仍然得到充分发展，但本书仅止于两汉时期。客观地说，这只是呈现了中国古代装饰艺术的"上半场"，两汉以后几乎没有涉猎。其中原因有以下两个方面：一方面，增加两汉以后的内容，无法在较短时间内完成；另一方面，深感研究深度及个人能力尚缺，只好期待日后。我的老师熊铁基教授在其《文集·自序》中写道："因为我活得比较长，而写作生涯中有一个突出的现象，大多数研究成果是 60 岁前后，特别是 60 岁以后出来的。"熊先生尚且如此，如我这般的后生晚辈更应该趁着还算年轻，多学、多问、多读、多看。能如熊先生所言在 60 岁左右补齐《古代装饰艺术》的"下半场"，亦算是无愧于熊先生曾经的教诲。

在书稿的撰写过程中，教学和行政工作令我捉襟见肘，无暇顾及其他。对于年迈的父母与年幼的女儿，都无法尽到一个儿子和一个父亲的责任，深感惭愧！妻子徐丽女士既要忙于报社的工作，还要独自照顾一家老小，让我心无旁骛地专注书稿，实属不易！当然，家人的支持与理解是对我最大的帮助与鼓励，在此深表感谢！本书的责任编辑韦冰女士，也为我完成此书的撰写工作给予了无私的帮助，在此一并感谢！需要感谢的人很多，本科生和研究生得知我在赶书稿，他们有关毕业设计或毕业论文上的问题都尽量错开这段时间，只是为了不打扰我，让我能专心致志地撰写书稿，实属难得！谢谢！另外，部分书稿插图由吕倩同学拼接完成，在此对她表示感谢。

最后，谨向书中所引用的文献作者致敬！

田威

2022 年 4 月于大理和苑

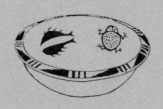

图书在版编目（CIP）数据

古代装饰艺术.岩画&彩陶 / 田少鹏,田威著.—武汉：湖北美术出版社,2024.3

（中国最美.第五辑）

ISBN 978-7-5712-2090-7

Ⅰ.①古… Ⅱ.①田…②田… Ⅲ.①装饰美术－中国－古代 Ⅳ.①J525

中国国家版本馆CIP数据核字(2023)第223391号

古代装饰艺术 岩画 & 彩陶
GUDAI ZHUANGSHI YISHU　YANHUA&CAITAO

丛书策划：余　杉
责任编辑：韦　冰
责任校对：杨晓丹
技术编辑：李国新
封面设计：孙华彦
版式制作：左岸工作室

出版发行：长江出版传媒　湖北美术出版社
地　　址：武汉市洪山区雄楚大街268号B座
电　　话：(027)87679525（发行）　(027)87679543（编辑）
传　　真：(027)87679523
邮政编码：430070
印　　刷：湖北金港彩印有限公司
开　　本：889mm×1194mm　1/16
印　　张：14.25
版　　次：2024年3月第1版
印　　次：2024年3月第1次印刷
定　　价：68.00元